청소년 정치 수첩

민주주의 세대를 위한 정치 교과서 2.0

청소년 정치 수첩

한대희·크리스티네 슐츠–라이스 지음 | 신홍민 옮김

양철북

우리는 날마다 수많은 정치 뉴스를 접하며 살아갑니다. 정당과 국회, 청와대와 행정부, 사법부, 지방정부, 시민운동 단체와 이익집단, 남북문제, 외국과의 관계, 국제기구나 다른 나라들의 정치 등 뉴스가 생산되는 분야는 대단히 다양합니다. 그런데 정치와 관계된 뉴스라면 아예 눈과 귀를 막아버리는 사람들도 많습니다. 또 관심을 갖는다 해도 그 뉴스가 왜 그렇게 중요하게 다뤄져야 하는지, 그리고 그것이 우리와 얼마나 밀접한 관계가 있는 것인지, 서로 의견이 맞서는 쟁점은 무엇인지, 뉴스 속에 담겨 있는 의미를 알지 못한 채 지나치는 경우도 많습니다.

하지만 우리가 무심하게 흘려버리거나 의미를 파악하지 못한 채 지나쳐버린 많은 정치적 변화와 결정들도 우리의 삶에 중요한 영향을 끼칠 수 있습니다. 정치란 공동체가 직면한 문제들을 해결하고 결정해가는 일이기 때문입니다. 따라서 정치에 무관심하거나 정치를 싫어한다고 주장하는 사람들조차도 정치의 영향에서 벗어날 수는 없습니다.

이 책을 쓰는 동안에도 매우 중요한 정치적 변화와 결정이 이루어졌습니다. 2007년 대통령 선거에서 10년에 걸친 개혁적이고 진보적인 정권이 물러나고 다시 보수정권이 들어섰습니다. 이어서 벌어진 국회의원 총선에서도 보수정당이 압도적인 승리를 거두었습니다. 많은 분야에 걸쳐 정부의 정책 노선이 바뀌었습니다. 당장 피부로 느끼는 변화도 있을 것이고, 서서히 그 영향이 나타날 분야도 있을 것입니다. 또 그 과정에서 많은 논란과 마찰도 발생할 것입니다. 그것이 정치적 선택의 결과입니다.

또 그 두 번의 선거에서 보여준 젊은 유권자들의 낮은 투표율은 사람들에게 큰 걱정거리였습니다. 공동체의 미래를 결정하는 일에 젊은이들이 관심을 가지지 않을 때 민주주의의 미래는 어두울 수밖에 없기 때문입니다. 그러나 그런 걱정은 곧 기우임이 드러났습니다. 광우병 쇠고기 수입 반대 촛불시위에 참가한 수많은 청소년과 시민들에게서, 자신들의 문제를 스스로 결정하고자 하는 적극적인 주권자의 모습을 볼 수 있었기 때문입니다.

문제는 그토록 수많은 사람들이 몇 달 동안 거리에 나와 시위를 하고, 인터넷을 통해 항의와 청원을 해도 그 의견을 마땅히 수렴하지 못하는 우리의 정치제도였습니다. 우리의 대의제 민주주의에 어떤 결함이 있는 것은 아닌지, 훨씬 더 직접 민주주의 요소를 가미한 정치제도를 만들어야 한다는 주장도 제기되었습니다. 그러나 이처럼 주장들이 격렬히 부딪치는 혼란의 과정은 어떤 측면에서는 새롭게 발전할 수 있는 기회일 수도 있습니다. 어쩌면 촛불시위를 이끌어낸 지금의 청소년 세대가 정치의 주역이 되는 시대에는 우리 정치가 훨씬 낳아질 수도 있다는 희망을 품어 봅니다.

이 책은 사람들이 궁금하게 여길 만한 정치의 여러 측면에 대해서 답변을 하는 방식으로 구성되어 있습니다. 그중 많은 내용들은 학교와 교과서에서는 다루지 않는 것들입니다. 이 책이 날마다 보고 듣는 정치적 논란과 쟁점, 정치 현상들을 이해하는데 도움이 되기를 바랍니다.

2008년 11월

한대희

차례

일러두기

❶ 이 책은 크리스티네 슐츠-라이스의 《Nachgefragt: Politik》를 바탕으로 한대희가 한국의 실정에 맞
게 다시 썼다.
❷ 한대희가 쓴 부분을 비롯해 많은 일러스트를 최진혁이 다시 그려 넣었다.

민주주의와 국가

# 다수결의 원칙은 과연 민주적일까?

중학교 1학년 3반 교실이 시끌벅적하다. 청소년센터에서 주최한 줄넘기대회에서 30명으로 구성된 1학년 3반 팀이 입상을 했기 때문이다. 이제 상금 30만 원이 학급비로 들어온다. 그러니 아이들이 흥분할 만도 하다.

"우리 그 돈으로 피자 파티하자." 창수가 말하자 여기저기서 환호성을 질렀다. "말도 안 돼!" 금주가 말을 자르고 나섰다. "교실에 놓을 화분을 사는 게 더 낫아." 그러자 야유가 쏟아졌다. "자! 조용조용." 담임선생님이 나섰다. "우리 민주적으로 결정을 하자. 각자 의견을 말하고, 토론을 하는 거야."

선생님의 말이 떨어지자마자 열띤 토론이 시작되었다. 수업이 끝난 뒤에 고기를 사다 구워 먹자는 동욱이의 제안에 아이들은 책상을 두드리며 환호성을 질렀다. "그런 다음 운동장에 텐트를 치고 야영을 해요." 민우가 거들었다. 여기저기서 그렇게 하자고 아우성을 쳤다. 그때 선옥이가 풀이 죽은 목소리로 말했다. "나는 너무 늦게까지 학교에 못 있어. 동생을 봐야 돼. 하지만 모두가 찬성이면 나는 그냥 빠질게."

몇몇 남자 아이들이 그렇게 하자고 말했다. 금주가 그들의 말을 가로막았다. "그건 불공평해. 우리 모두 함께 그 돈을 벌었잖아. 그러니까 모두 혜택을 받을 수 있는 일을 찾아봐야 해." "그러면 새로 나온 해리포터 영화를 보러가는 건 어때? 조조할인을 받으면 돼." 정욱이가 새로운 제안을 했다. 아이들은 토론을 계속했다. 마침내 투표를 해서 결정하기로 했다. 37명은 해리포터 영화를 보는 데 찬성, 2명은 반대, 나머지 3명은 기권을 했다.

1학년 3반은 민주적인 결정을 내렸다. 모두 함께 가장 좋은 해결책을 찾았고, 그래서 마침내 엄마 대신 동생을 보살펴야 하는 선옥이도 함께 할 수 있게 되었다. 선옥이의 권리를 침해할 수 있는 제안에 대해 더 이상 토론을 하지 않기로 함으로써 민주주의의 가장 중요한 요소인 소수자의 권리 보호 원칙을 지킨 것이다.

민주주의는 모두 함께 공유하는 정책 결정권이다. 1학년 3반의 경우처럼 소수의 의견과 이익을 최대한 반영할 수 있도록 마지막까지 토론과 타협, 절충을 거쳐 모든 사람의 의견을 모으는 것이 민주주의이다. 다수결의 원칙은 그러한 모든 과정을 거치고서도 의견이 나뉠 때, 가장 마지막으로 선택하는 수단이다.

민주주의(democracy)란 그리스어 데모스(demos)와 크라토스(kratos)에서 유래한 말로 '인민이 지배하다' 라는 뜻이다.

정치란 무엇인가?

고대 그리스 사람들은 폴리스라는 도시국가에서 살았다. 폴리스는 공동생활을 잘 조절할 수 있도록 나름으로 정치제도를 발전시켰기 때문에 번영을 누릴 수 있었다. 아리스토텔레스(기원전 384~322)는 이를 두고 인간을 '정치적 동물'이라고 말했다.

사람은 누구나 여러 형태의 공동생활을 한다. 가정, 학교, 직장, 마을, 교회, 동창회 등 다양하다. 가정은 가장 대표적인 공동생활이다. 대개 가정에서 부모 가운데 한 사람은 가족의 생계를 위해서 돈을 벌어야 한다. 또 부모 가운데 누군가는 집안일을 맡아서 하거나 직장에서 일찍 돌아와 아이들을 보살펴야 한다. 또한 아이들도 집안일을 거들어야 한다. 한 명이 청소를 하면 한 명은 설거지를 한다. 누군가 할 일을 미뤄두고 게임에 빠져 있거나 친구와 오랜 시간 전화 통화만 하고 있으면 가끔 다툼이 벌어지기도 한다.

부모는 새벽에 일어나서 아이에게 아침을 먹여 학교에 보내고, 학원에서 돌아올 때까지 기다렸다가 저녁을 먹이느라 피곤하다. 그래서 주말에는 식사 시간이 아닐 때 밥을 먹고 싶은 사람은 스스로 챙겨 먹고 설거지도 직접 하게 한다. 이러한 규칙들을 통해 공동생활이 효율적으로 이루어질 수 있도록 적절히 각자 할 일을 조정하는 것이다. 이처럼 사람들이 공동의 목표를 달성할 수 있고, 개인 또한 자신의 고유한 희망을 충족할 수 있도록 수많은 인간들의 관계를 잘 엮어가는 방법을 일컬어 '정치'라고 한다. 우리는 우리가 속해 있는 다양한 수준의 사회에서 늘 이러한 정치에 참여하며 살고 있다. 정치에 무관심한 사람조차도 실제로 정치로부터 큰 영향을 받는다.

국가의 경우도 마찬가지이다. 많은 사람들이 함께 살아가기 위해서는 누구나 공동체에 무엇인가 기여를 해야 한다. 그래야 모든 사람들의 생활이 잘 유지될 수 있다. 즉 기여에 따른 혜택을 누릴 수 있다. 고대 그리스의 아테네에서는 시민들이 모두 정치에 참여하도록 강제했다. 중요한 사안을 결정할 때 시민들이 직접 투표에 참가해 정책을 결정했다. 하지만 현대인들은 정치에 무관심하다. 사람들이 정치에 무관심해지면 자신의 삶에 큰 영향을 끼치는 '정치'를 통제할 가능성이 그만큼 줄어든다. 그것이 곧 민주주의의 위기이다.

공동의 이익이 개인의 이익보다 우선하도록 하는 것이 정치다. 즉 모든 사람들의 공통적인 기본 욕구를 해결하는 것이 우선이고, 그 다음에 각 개인의 욕구를 충족시켜야 한다.

 국가는 어떻게 만들어질까?

한 무리의 사람들이 함께 살기로 결정했다고 가정해 보자. 가장 먼저 자리잡고 살 수 있는 지역을 찾아야 한다. 그런 다음에 사람들은 공동생활을 조직하는 일을 시작한다.

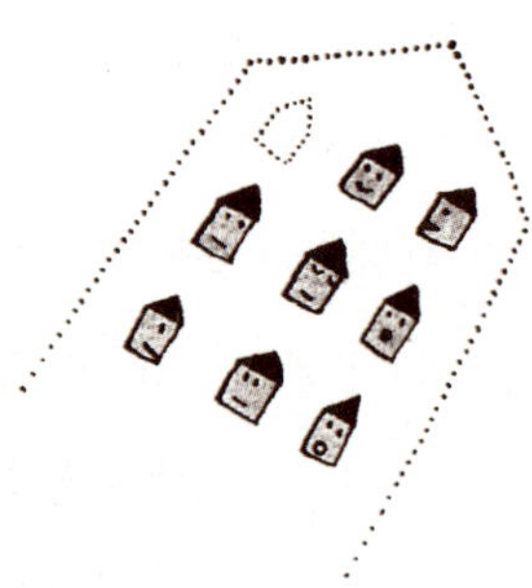

공동생활을 하기 위해서는 추구할 목표, 지켜야 할 규칙, 소속원의 책임과 이익 배분 등에 관해 합의를 보아야 한다. 그리고 이러한 결정을 함께 살아가는 사람들에게 강제할 수 있는 힘이 필요하다. 우리는 그것을 국가권력이라고 부른다. 국가권력은 사람들의 생활을 조정하고, 사람들이 공공질서를 잘 지키는지 감시한다. 또한 다른 나라로부터 국가 공동체의 이익을 대변하고 보호한다. 그래서 국가는 권력, 즉 강제할 수 있는 권한을 갖는다.

여러 세기가 지나는 동안 많은 국가들이 생겨났다. 오늘날에도 여전히 새로운 국가들이 탄생하고 있다. 이미 존재하고 있는 한 국가 안에서 특정한 민족 집단, 즉 독자적인 언어나 역사 또는 종교를 가진 사람들이 분리 독립을 원할 때, 새로운 국가가 생긴다.

1990년대 초에 벌어진 발칸반도의 민족·종교 간 전쟁처럼 대부분 그 과정은 평화롭게 진행되지 않는다. 1991년부터 1992년에 걸쳐 옛 유고연방에 속했던 6개 공화국들이 상상을 초월하는 잔인한 전쟁을 치르고서야 비로소 5개의 새로운 국가로 분리 독립했다. 인도네시아에서 분리 독립한 동티모르의 경우도 마찬가지였다. 지금도 세계 곳곳에서 독립된 국가를 세우기 위한 싸움과 분쟁은 계속되고 있다.

한국은 언어와 문화 전통이 같은 한민족으로 구성되어 있다. 부모와 조상이 거의 모두 한국인인 단일민족국가에서 태어났기 때문이다. 하지만 외국과 활발히 교류하기 시작하면서 피부색이 다른 사람들이 빠르게 늘어나고 있다. 일자리를 찾아오거나 또는 국제결혼을 통해 해마다 수많은 외국 사람들이 한국에 들어온다. 국제결혼으로 태어난 2세 어린이들도 많아지고 있다. 즉 우리 사회가 단일한 언어, 민족, 문화에

안산 '국경없는마을 설 축제'에서 노래를 부르는 이주 노동자들. 한국은 빠른 속도로 다문화 사회가 되어 가고 있다.

서 빠른 속도로 다민족, 다언어, 다문화 사회로 바뀌고 있는 것이다.

그러나 외국인이 한국에서 살아가기는 쉽지 않다. 더구나 그들이 한국 국민이 되는 절차는 대단히 까다롭다. 특히 우리 사회는 동남아시아나 아프리카계 사람들을 비하하고 차별하는 경향이 강하다. 그에 비해 미국이나 유럽계의 백인이나 선진국 출신들에 대해서는 훨씬 관대한 편이다. 한국 국민이 되기 위한 자격 기준이 경제적 약자에게는 더욱 엄격하게 적용되기 때문이다.

우리는 미국이나 일본, 중앙아시아에서 차별받는 동포들의 처지에 대해서 분개하곤 한다. 하지만 우리 스스로 피부색과 언어, 문화가 다르다는 이유로 이 땅에서 함께 살아가는 사람들을 차별하고 있는 현실에 대해 먼저 반성해야 한다.

국가와 나는 어떤 관계일까?

'학교가 없다면 얼마나 좋을까!' 학생이라면 누구나 한 번쯤은 이런 생각을 해보았을 것이다. 그렇지만 한국에는 교육의 의무가 있기 때문에 일정한 나이가 되면 학교에 다녀야 한다.

교육의 의무는 국가가 어린이와 청소년들에게 요구하는 거의 유일한 것이다. 만약 학교를 다니지 않아서 읽고 쓸 줄을 모르면 당장 버스나 지하철을 타거나 가게에서 물건을 살 때 곤란을 겪게 된다. 또 성인이 되어 사회생활을 해나가는 데에도 많은 제약을 받는다.

또한 국가는 어린이와 청소년들에게 여러 가지 혜택을 주고 있다. 만약 운동을 할 수 있는 시설이 없으면 위험한 도로에서 인라인 스케이트나 자전거를 타야 할 것이다. 농구나 축구 시합을 할 때에도 학교 운동장에서 흙먼지를 뒤집어 써야 할 것이다.

국가는 청소년과 어린이를 위한 일도 한다. 예컨대 시와 구마다 도서관과 문화센터를 세워 편익을 제공하고 있다. 수영도 할 수 있고, 영어를 배울 수도 있고, 영화를 보고 연극 활동을 할 수도 있다. 이렇듯 어린이와 청소년들은 무료로 많은 혜택을 누리고 있다. 그러나 어린이와 청소년들이 어른이 되면, 이제 국가를 위해 무언가 기여해야 한다.

이렇듯 국가는 국민들을 법으로 보호하고, 국민들에게 필요한 여러 가지 유익한 사회 기반 시설들을 마련한다. 만일 환경미화원들이 파업을 해서 쓰레기가 집 앞에 쌓여 있으면 냄새 때문에 너무 괴로울 것이다. 국가는 이 밖에도 국방, 치안, 외교, 건설, 복지 등 수많은 분야에서 다양한 일들을 하고 있다.

그러나 국민은 더 많은 것을 국가에 요구할 필요가 있고, 국가는 국민을 위해 더 많은 일들을 해야 한다. 특히 어린이와 청소년, 노인, 장애인, 가난한 사람들처럼 더 많은 보살핌을 받아야 하는 사람들의 요구에 국가는 더 세심하게 귀를 기울여야 한다.

어린이와 청소년이 없으면 국가도 없다?

어린이와 청소년은 미래다. 그들이 없으면 이 사회는 언젠가 사라지고 말 것이다.

남자와 여자가 만나서 아이를 낳으면, 그 아이를 통해 그들의 생명은 계속 이어진다. 그들은 후손이 행복하게 살아가기를 바란다. 즉 사람은 태어나면서 가족의 구성원이 되고, 그 구성원들이 모여 국가를 이룬다. 이 때문에 가족을 '국가의 핵'이라고 부르는 것이다.

가족의 역할은 단지 생명을 생산해서 이어가는 것만으로 끝나지 않는다. '세 살 버릇이 여든까지 간다'는 속담처럼 가정에서 받은 교육이 공동생활의 행동 규범에도 그대로 이어지기 때문이다. 어릴 때 몸에 밴 습관과 가치관이 유치원과 학교에서, 그리고 직장에서, 또한 자기가 사는 마을과 도시와 나라에서 그대로 드러난다.

주변에서 질서와 규칙을 지키지 않고, 다른 사람을 배려하지 않으

아이는 태어나자마자 사회적인 행동을 배우기 시작한다. 그리고 가정에서 공동체 생활에 필요한 행동 규범을 익히게 된다.

며, 다른 사람이야 어떻게 되든 상관하지 않는 아이들을 볼 수 있다. 이런 아이들은 대부분 가정에서 공동체가 무엇인지에 대해서, 즉 사람들이 함께 살아가는 방법을 배운 적이 없는 경우가 많다. 경제적인 이유나 가족의 결손 또는 그 밖의 여러 가지 이유로 부모가 아이들을 제대로 가르치지 않은 채 방치했기 때문이다. 또는 부모의 잘못된 교육이 이러한 결과를 만들기도 한다.

따라서 국가는 우선 가정이 붕괴되지 않도록 많은 주의를 기울여야 할 책임이 있다. 가난한 가정에는 기초 생활이 가능하도록 경제 지원을 함으로써 가족 관계가 유지되도록 해야 하고, 아이들이 폭력과 같은 나쁜 환경에 방치되지 않도록 보살펴야 한다. 때로는 국가가 나서서 아이의 양육과 교육을 책임져야 할 경우도 있다. 이렇게 하면 국가에도 이익이 된다. 제대로 된 보살핌과 교육을 받지 못하고 자란 아이가 훗날 범죄를 저지르고, 끝내 사회에서 격리되어 살아가게 된다면 훨씬 많은 대가가 따를 것이기 때문이다.

독재와 민주주의는 어떻게 다를까?

훗날 태양왕이라고 불린 프랑스의 루이 14세는 "짐이 곧 국가다"라고 말했다. 그 시대에는 마치 지구가 태양의 주위를 돌듯이 모든 것이 국왕을 중심으로 이루어졌다. 이른바 절대군주제 국가였기 때문이다.

루이 14세는 굶주리고 헐벗은 신민들을 동원해 화려한 궁전을 여러 채 지었다. 그가 죽은 지 70여 년이 지난 1789년에 프랑스 국민들은 혁명을 일으켜 그의 후계자인 루이 16세를 몰아내고 공화국을 세웠다.

오늘날에도 여전히 군주국가가 많이 남아 있다. 영국이나 스페인, 스웨덴 같은 나라는 지금도 군주국가이다. 그러나 이 나라들도 헌법에 따라 국민들이 선출한 의회가 있고, 의회의 다수당이 정부를 구성하고 있다. 이러한 나라를 입헌군주국가라고 부른다. 즉 국왕은 있지만 헌법에 따라 운영되는 국가라는 뜻이다. 이들 입헌군주국의 국왕은 '군림은 하되 지배는 하지 않는' 명예직으로서 국가를 대표할 뿐이다. 공화국에는 국왕이 없는 대신 국민들이 대통령을 선출하고, 선출된 대통령이 나라를 대표한다. 이 둘 가운데 어느 것이 좋고 나쁜지는 우열을 가려 말할 수 없다. 한 나라의 정치체제는 그 나라에서 민주주의가 발전해온 고유한 역사의 산물이다. 그것은 헌법으로 규정되고 표현된다.

우리나라의 국가 형태가 공화국으로 자리잡게 된 것도 오랜 역사적 과정의 결과이다. 일제 강점 초기에는 나라를 되찾아 조선왕조를 다시 세워야 한다고 생각하는 사람들도 있었다. 하지만 조선 왕실과 양반층은 독립운동에 앞장서기보다는 일제에 투항해 목숨을 연명함으로써 곧 그러한 주장은 설 자리를 잃었다. 강점 이후 독립운동을 이끈 것은 조선왕조의 지배층이 아닌 다양한 계층의 사람들이었다. 일제로부터 핍박을 받는 민중들이 스스로 주권자임을 선언하고 자신들의 주권 회복을 위해 싸운 것이다. 상해임시정부가 제정한 민주공화제를 내용으로 하는 헌법은 이를 잘 보여준다. 이러한 흐름을 이어받아 해방 이후 민주공화제 국가가 세워진 것이다.

그러나 공화국에서도 독재자는 나타날 수 있다. 독재국가에서 국민들은 정부가 하는 대로 따라야 한다. 형식으로 선거를 하지만, 선거를 통해서 정부를 바꿀 수는 없다. 1948년 대한민국 정부 수립 이후 1960년까지는 이승만 정권의 장기 독재가 계속 되었다. 이어서 4·19혁명으로 수립된 민주 정부를 군사 쿠데타로 뒤엎은 박정희 군사정권은 1979년까지 무려 18년 동안 집권했다. 그리고 1980년 5·18광주민주화운동을 총칼과 탱크로 짓밟은 전두환 정권이 1987년까지 이어졌다.

특히 군사정권 시대에는 정부에 반대하는 많은 학생, 시민, 정치인

전두환은 수많은 광주 시민을 학살하고 제5공화국을 열었다.

들이 감옥에 끌려가서 고문을 당하거나, 심지어는 죽임을 당하기도 했다. 1980년에는 군부가 집권하는 것을 반대하던 시민과 학생 수백 명이 광주에서 학살되었다. 그들은 북한의 위협을 핑계 삼아, 또는 경제성장을 위해서는 국민 모두가 하나의 생각으로 뭉쳐야 한다고 주장하면서 자신들을 반대하는 세력이나 주장을 용납하지 않았다. 오히려 국민의 인권이나 민주적인 정치제도는 상당 부분 억압되고 제한해야 한다고 주장했다.

　1987년 6월 민주항쟁으로 군사독재 세력이 대통령 직선제를 받아들임으로써 어느 정도 민주주의가 가능하게 되었다. 국가 최고 지도자인 대통령을 국민의 직접 투표로 뽑을 수 있게 된 것이다. 그리고 마침내 1997년, 건국 이래 처음으로 야당 후보가 대통령에 당선되어 선거를 통해 정권을 교체하기도 했다.

왜 나라마다 정부 형태가 다를까?

세계 여러 나라의 정상들이 모여 회담을 한다. 어느 나라에서는 대통령이, 어느 나라에서는 수상이 참석한다. 심지어 프랑스 같은 나라는 대통령과 수상이 함께 회의에 참석하는 경우도 있다.

대통령과 수상처럼 나라마다 정상을 부르는 명칭이 다른 이유는 나라마다 정부 형태가 다르기 때문이다.

한 나라의 정부 형태는 그 나라의 고유한 역사의 산물이다. 즉 나라마다 적합한 정부 형태를 발전시켜 온 것이다. 다양한 정부 형태 가운데 현대 민주주의 국가의 대표적인 정부 형태가 대통령중심제와 의원내각제이다. 대통령제를 택한 나라에서는 대통령이, 의원내각제인 나라에서는 수상이 나라를 대표한다. 대통령제를 발전시킨 대표적인 나라는 미국이다. 20세기의 많은 신생 독립국들이 대통령제를 취하고 있다. 의원내각제는 영국에서 주로 발전했고, 서구 유럽의 많은 나라들이 의원내각제를 취하고 있다.

그러나 지구상에는 순수한 의미의 대통령제나 의원내각제보다는 양쪽의 요소를 혼합한 정부 형태가 더 많이 존재한다. 대표적으로 프랑스는 대통령이 외교와 국방을 맡고, 수상이 사회, 경제 분야를 맡는다.

의원내각제에서는 국민의 대표 기관인 의회의 다수당이 행정부를 구성해 통치한다. 따라서 의회의 의원을 뽑기 위해 단 한 번 중요한 선거를 치른다. 의원내각제 체제에서는 국회의원들이 내각의 장관을 맡기 때문에 업무를 수행할 만한 전문성과 도덕성을 갖추어야 한다. 또 다수당과 소수당의 세력이 비슷했을 때 서로 대화와 타협을 해서 문제를 해결해 나갈 수 있는 정치 문화가 발달해야 한다.

우리나라는 4·19혁명으로 수립된 제2공화국에서 잠시 의원내각제를 시행한 것을 제외하고는 줄곧 대통령중심제를 취하고 있다. 대통령중심제에서는 중요한 선거를 두 번 치른다. 국민이 직접 대통령을 뽑는 선거와 대통령을 감시하고 비판할 대의기관인 의회를 구성하기 위한 선거를 또 치른다. 그러나 대통령중심제를 택한 많은 나라에서는 대통령에게 지나치게 권력이 집중되는 현상이 벌어지기도 한다.

헌법이란 무엇인가?

1948년 7월 17일은 대한민국의 헌법이 제정되어 공포된 날이다. 제헌절이 되면 사람들은 국기를 내걸고, 정부는 기념식을 거행한다.

　보통 사람들에게 제헌절은 학교와 직장에 가지 않아도 되는 휴일일 뿐 큰 의미가 있는 날이 아니었다. 마찬가지로 헌법도 사람들에게는 그 정도 이상으로 현실적인 문제는 아니었다. 그런데 2002년에 국회가 헌법에 따라 노무현 대통령을 탄핵하고, 헌법재판소가 재판을 하는 사상 초유의 일이 벌어졌다. 그리고 대통령 단임제 헌법을 개정해야 한다는 논의가 오갔다. 사람들은 새삼 헌법에 관심을 갖게 되었다.

　헌법은 국가의 통치 질서를 규정하는 기본법이다. 또한 헌법에는 국민이 국가를 통해 이루고자 하는 중요한 가치와 목표들이 담겨 있다. 특히 현대 민주주의 국가의 헌법은 인간의 존엄과 가치를 실현하기 위한 여러 가지 기본권을 보장한다고 명시하고 있다. 또한 이러한 인간 존중의 사상을 실현하기 위한 장치로서 여러 가지 민주적인 정치제도를 규정하고 있다.

이러한 헌법 제도는 영국, 프랑스, 미국 등 일찍부터 민주주의가 발전한 나라에서 시민혁명을 통해 확립되고 발전되었다. 인간이라면 누구나 누려야 하는 권리를 보장받기 위해 수많은 시민들이 목숨을 바쳤던 것이다. 헌법이란 바로 이 시민혁명의 과정을 통해 절대군주와 왕권 세력을 굴복시켜서 자유와 평등이라는 민주주의의 기본 이념과 이를 실현하는 정치제도를 문서로 약속받은 것이다.

이에 비해 우리의 헌법은 시민혁명의 과정을 거쳐서 만들어진 것이 아니라 해방이 되면서 서양의 제도를 들여온 것이다. 따라서 우리 국민들은 자유와 권리를 가진 주권자라는 의식을 갖지 못한 상태였다. 그런 가운데 권리보다는 의무를 강조하고, 국민을 통제하고 규제해야 할 대상으로만 여기는 봉건 시대와 식민지 시대의 의식은 그대로 남아 있었다. 게다가 식민 지배 계층이 새로운 국가의 지배층으로 자리잡으면서, 헌법의 정신과 민주적 정치 질서는 권력자의 야욕에 의해 끊임없이 유린되었다. 1960년의 4·19혁명, 1980년의 5·18광주민주화운동, 1987년의 6·10민주항쟁 등은 모두 국민이 자유와 권리의 약속이라는 헌법의 정신을 회복하기 위해 독재 세력에 맞서 싸운 역사이다.

현재 우리의 헌법은 6·10민주항쟁으로 군사정권이 물러나면서 개정된 것이다. 이 헌법은 장기 독재의 망령을 되풀이해서는 안 된다는 이유로 대통령을 국민의 직접선거로 선출하고, 그 임기를 5년 단임제

> '6.10 민주항쟁'은 전두환 군사정권의 장기 집권을 막기 위해 일어난 범국민적 민주화 운동이다. 시민들이 대통령 직선제 헌법 개정을 포함한 민주화를 요구하며 거리 시위를 계속하자 전두환 정권은 대통령 직선제 개헌을 약속하는 '6·29선언'을 발표했다.

6·10 민주항쟁의 도화선이 된 연세대 이한열 군의 영결식. 이 군은 시위 도중 경찰이 쏜 최루탄에 머리를 맞아 사망했다.

로 하였다. 그런데 몇 차례 정권이 바뀌는 동안 5년 임기로는 장기적인 국가정책을 펴기 어렵다는 논의가 제기되었다. 그래서 헌법을 개정하자는 논의가 활발히 오가고 있다.

대한민국 헌법은 어떻게 만들어졌을까?

제2차 세계대전이 끝나면서 일본은 물러났지만 우리나라가 완전히 독립한 것은 아니었다. 미군과 소련군은 승전국 자격으로 우리나라를 남북으로 나누어 점령한 뒤 군정을 시작했다.

　　자본주의와 사회주의 진영을 대표하는 외세의 분할 점령은 북쪽에서는 좌익, 남쪽에서는 우익 세력의 정치적 득세로 이어졌다. 통일된 국가를 수립하려는 세력은 설 자리를 잃었다. 남한에서는 자본주의 시장경제를 기본으로 하는 미국이나 유럽식 자유민주주의 정부를, 북에서는 사회주의 계획경제를 기본으로 하는 사회주의 정부를 수립하는 절차가 진행되었다.

　　1948년 5월 10일, 김구, 김규식 등과 같이 통일 정부를 추진하던 우익 세력과 중간 세력들이 선거를 거부하거나 불참한 가운데 남한에서 헌법을 제정하기 위한 국회의원 선거가 실시되었다. 이때 군대가 단독 정부 반대 운동을 벌이던 세력을 제압했다. 그 결과 선거가 불가능한 제주도를 제외한 남한 전체에서 198명이 국회의원으로 선출되었다. 주요한 경쟁자가 불참한 상황에서 이승만을 중심으로 나라를 세우려는 보수파들이 주로 당선되었다. 국회는 6월 1일 헌법기초위원회 구성을 논의하기 시작한 지 한 달 보름도 지나지 않은 7월 12일에 헌법안을 가결했고, 7월 17일에 이를 공포했다. 이어서 8월 15일에 대한민국 정부 수립을 공식 선포했고, 그해 9월 9일에는 북한에도 정부가 수립되었다. 이것은 한반도에 두 나라가 존재한다는 공식 선언으로, 이후 같은 민족 간의 비극적인 전쟁과 오랜 적대적 대립의 시작이기도 했다.

제헌 헌법이 이처럼 빨리 만들어진 것은 헌법을 새로운 나라를 수립하는 데 필요한 하나의 요식 행위 이상으로 여기지 않았기 때문이었다. 1948년 5월 10일, 제헌국회 선거에서 제1당이 된 보수정당인 한민당은 이승만을 상징적인 지도자인 대통령으로 옹립하고, 실제 권력은 의원내각제 정부가 갖는 헌법안을 만들었다. 이승만과 보수정당의 이해관계를 절충하고자 했던 것이다. 그런데 이승만의 요구에 따라 미국식 대통령제로 바뀌면서, 대통령중심제에 의원내각제의 요소가 뒤섞인 기형적인 권력 구조가 만들어졌다. 대통령을 국회가 선출하는 간선제이지만 대통령이 국가원수이자 행정부의 수반으로서 계엄 선포권과 긴급 명령권 등 막강한 권한을 갖게 되었다. 이러한 대통령의 막강한 권한은 일본의 군국주의 헌법을 따른 것으로 이후 역사에서 대통령의 권한이 남용되는 계기를 만들어준 조항이었다.

제헌 헌법은 민주공화국이 지향해야 할 다양한 가치와 목표에 대해 사회 전체가 합의해서 만들어진 최고 권위의 법률이 아니었다. 이미 대통령으로 예정되어 있다시피 한 이승만의 입맛에 맞는 권력 구조를 규정한 것일 뿐이었다. 헌법 제정자들의 헌법에 대한 이러한 생각은 이후 정세가 바뀔 때마다 권력자가 자신의 입맛에 맞게 헌법을 뜯어 고치는 출발점이 되었다. 물론 기본권 보장 등에 대한 조항을 두었지만 이를 형식적이고 장식적인 문구 정도로 생각했기 때문에, 이후 이를 보장하기 위한 법안을 제정하지는 않았다. 따라서 일제의 법률과 제도 관행이 대부분 그대로 유지되었고, 법치주의가 아닌 권력자와 관료 집단의 식민주의적 지배 방식이 국가행정을 지배했다.

더욱이 국내 정치 기반이 취약했던 이승만은 친일 세력을 대거 행정 관료와 경찰, 군대로 끌어들여 정권을 유지했다. 일제 청산과 친일 행위자를 처벌하는 일은 이승만 일파의 저지와 보복으로 무산되었다. 결국 일제 치하에서 황국신민을 자처하던 세력이 권력을 차지하게 되

맥아더 장군과 포옹하는 이승만 대통령. 정부 수립 당시 이승만은 미국식 대통령중심제를 강력하게 요구했다.

어 헌법상의 국민주권 선언은 말뿐인 문구가 되었다. 당연히 민주주의적 정치제도도 이들의 권력 유지를 위한 형식적 도구로 전락하고 말았다.

더군다나 곧이어 터진 6·25전쟁은 이후 정치체제에도 큰 영향을 끼쳤다. 반공주의가 국가의 최고 덕목으로 자리잡으면서 민주주의와 기본권을 요구하는 것조차 좌익으로 몰려 탄압받기 일쑤였다. 법은 권력과 기존 질서를 수호하기 위해 존재할 뿐이었다. 겉으로는 민주공화제 국가였으나 실제로 민주주의가 실현되기까지는 많은 사람들이 피를 흘리며 싸워야 했다.

헌법과 공화국은 어떤 관계일까?

대한민국의 헌법은 제정된 이래 아홉 차례에 걸쳐 부분 또는 전면으로 개헌을 했다.

우리는 보통 헌법이 바뀐 것으로 공화국의 기수를 구분하는데, 현재는 6공화국의 시대다. 헌법을 다섯 차례에 걸쳐 고쳐, 국가권력의 구조와 주도 세력이 바뀌었다는 뜻이다. 최근에는 대통령이 바뀔 때마다 정권의 정책 목표를 드러내기 위해 '문민정부', '국민의 정부', '참여정부' 등으로 부르기도 했다. 이름은 다르지만 모두 6공화국의 한 시기를 뜻한다.

제헌국회에서 대통령에 당선된 이승만 정권을 1공화국이라고 한다. 이승만은 자신의 추종 세력을 모아 자유당을 만들었고, 집권을 연장하기 위해 두 차례 개헌을 했다. 이를 위해 계엄령을 선포하고, 폭력배를 동원해 국회의원들을 협박하거나 테러를 일삼았다. 이승만 정권에 반대하는 세력은 탄압당하거나 심할 경우에는 간첩으로 몰릴 위힘도 감수해야 했다. 온갖 방법을 동원한 부정 선거가 자행되었으며, 심지어는 밤사이에 선거 결과가 바뀌기도 했다.

그러나 국민들은 이승만 정권의 독재를 지켜보고만 있지는 않았다. 1960년에 치러진 대통령 선거에서 또다시 광범위한 부정 선거가 벌어지자 학생과 시민들이 시위에 나섰고, 수백 명이 피를 흘린 끝에 마침내 독재 정권을 무너뜨리고 말았다. 4·19혁명은 국민의 힘으로 독재 정권을 무너뜨림으로써 단지 법조문일 뿐이었던 국민주권을 실제로 선언한 것이었다.

하지만 민주주의 개혁은 더 이상 진행될 수 없었다. 자유당 정권을 무너뜨린 주역인 학생과 시민들은 정치적인 힘을 갖지 못했고, 야당이나 행정 관료, 군부 등은 사회가 민주화되는 것을 원하지 않았다. 새로운 정부를 구성하기 위한 논의는 야당 등 정치권의 몫으로 넘겨졌다. 사회 각 분야의 민주화는 과제로 남겨진 가운데 총선에서 승리한 민주당이 정권을 잡아 의원내각제 정부가 출범했다. 바로 2공화국이 시작된 것이다. 그러나 민주당 정권은 출범한 지 9개월 만에 군사 쿠데타로 무너지고 말았다.

1962년 5월 16일, 박정희를 중심으로 하는 쿠데타 세력이 탱크를 앞세우고 정부와 주요 기관들을 점령함으로써 오랜 군사 독재의 시대가 시작되었다. 다시 대통령중심제로 개헌을 했고, 박정희가 대통령에 당선되어 제3공화국이 시작되었다. 모든 정부 요직은 군인들이 차지했다. 특히 박정희 정권은 중앙정보부라는 비밀 정보 조직을 만들어서 군사정권에 반대하는 모든 세력과 사람들을 감시하고 탄압했다.

이로써 박정희 측근인 소수 군부 집단이 국가 정책과 부와 권력을 독점했다.

그리고 마침내 1968년에는 대통령직을 세 번 연임할 수 있도록 개헌을 했고, 연임에 성공한 뒤에는 영구 집권을 획책했다. 1972년, 박정희는 다시 3공화국의 헌법을 정지시키고 유신헌법을 선포해 4공화국을 출범시켰다. 대통령을 통일주체국민회의라는 조직이 선출하도록 하는 체육관 간접선거제가 도입되었고, 국회의원의 3분의 1을 대통령이 임명할 수 있도록 했다. 유신헌법을 반대하거나 비판하는 것은 금지되었으며, 모든 언론과 출판을 철저하게 검열하고 통제했다. 수많은 학생과 시민들이 유신과 박정희 정권에 반대하다가 감옥에 끌려갔지만 신문에는 한 줄도 보도되지 못하는 암흑의 시대가 계속되었다.

그러나 학생과 시민들은 유신 체제에 계속 저항했다. 1970년대 말, 유신 체제에 저항하는 운동의 규모가 더욱 커지고 사회 각 분야로 확산되었다. 그러다가 마침내 박정희는 자신의 부하에게 암살되고 말았다. 박정희의 죽음은 곧 유신 체제의 종말로 이어졌다. 민주주의를 확립할 수 있는 새로운 헌법과 이를 통한 민주 정부 수립에 대한 논의가 다시 꽃을 피우기 시작했다. 그러나 봄날은 오래가지 못했다. 1980년 5월 18일, 전두환을 중심으로 하는 신군부가 쿠데타를 일으켜 권력은 또다시 군부의 손으로 넘어가고 말았다. 군사 독재를 거부하는 시민과 학생, 정치인은 모두 체포되었고, 민주화를 요구하는 시위가 계속

된 광주에서 수많은 시민과 학생들이 무차별하게 학살되는 가운데 제 5공화국의 시대가 시작되었다.

그러나 이처럼 총칼로 무자비하게 탄압을 해도 오랫동안 민주주의를 위해 싸워온 학생과 시민들을 막을 수는 없었다. 민주화를 요구하는 학생과 시민들로 감옥은 가득 찼다. 마침내 1987년 6월, 전국에서 일어난 시민과 학생들의 시위 앞에 전두환 정권은 항복을 선언하고, 대통령 직선제 개헌을 받아들였다. 하지만 김대중과 김영삼으로 대표되는 민주화 세력이 분열하면서 군사 독재 세력을 대표하는 노태우가 직선제 국민투표에서 대통령으로 당선되어 6공화국이 출범했다. 노태우 정부는 취약한 지지 기반을 강화하기 위해 민주화 세력의 한 축인 김영삼과 연합했고, 노태우 정부는 김영삼 정부로 이어졌다.

그리고 마침내 1997년 대통령 선거에서 김대중이 당선되면서 정부 수립 이래 최초로 여당과 야당 사이에 평화적인 정권 교체가 이루어졌다. 이어서 김대중 정부는 노무현 정부로 이어졌다. 김대중과 노무현 정부 10년은 권위주의 통치를 끝내고 민주주의를 제도화하는 데 큰 기여를 했다. 더불어 남북 간의 평화 정착에도 중요한 전기를 마련했다. 그러나 민주 정부 10년 동안 민생 경제의 불안이 지속되면서 국민들은 2007년 대통령 선거에서 다시 보수주의 정당의 후보인 이명박을 선택했다.

헌법의 가치는 어떻게 실현될까?

'대한민국은 민주공화국이다.' 우리가 거의 유일하게 외고 있고,
학교에서 자랑스럽게 가르치는 대한민국 헌법의 첫머리 조항이다.

    헌법 제1조는 국가의 가장 중요한 기본 질서를 규정하고 있다. 또
한 국가가 어떤 가치를 중요하게 여기는가를 보여준다. 이 헌법 제1
조는 국가의 공식 명칭과 성격을 규정한다. '대한민국' 은 우리나라를
공식적으로 일컫는 이름, 즉 국호로서 당시 제기된 고려공화국, 조선
공화국, 한국 등 여러 의견 가운데 선택되었다. 대한민국은 일제강점
기에 독립운동을 이끌던 상하이 임시정부가 붙인 공식 명칭을 따른
것이다. '민국' 이라는 표현에는 이미 우리나라가 군주 국가(곧 왕국)
가 아닌 주권이 국민에게 있는 나라라는 뜻이 들어 있다. 즉 영어
'Republic(공화국 또는 민국)' 의 한자식 표현인 셈이다. 따라서 대한
민국이라는 이름에는 이미 민주주의를 지향하는 공화국이라는 의미
가 들어 있다.

헌법이 제정된 이후 아홉 차례 개헌이 되는 동안 대한민국 헌법에는 많은 조항들이 추가되고 수정되었다. 현재의 헌법은 1987년 6월 민주항쟁의 결과로 군사 독재 세력이 대통령 직선제 개헌을 받아들이면서 여·야의 합의로 개정된 것이다. 대한민국 헌법은 다음의 다섯 가지 기본 원리를 토대로 한다.

첫째, 국민주권주의 원리이다. 대한민국의 주권은 국민에게 있고, 모든 권력은 국민으로부터 나온다. 즉 대한민국은 군주 국가가 아니라 공화제 국가이다.

둘째, 자유민주주의 원리이다. 대한민국은 국민이 스스로 또는 대표를 통해 나라의 운영에 참여하는 대의제 민주주의 정치가 이루어지는 나라이다.

셋째, 사회복지 국가의 원리이다. 대한민국의 모든 국민은 인간다운 생활을 할 권리가 있으며, 국가는 사회보장과 사회복지 증진에 노력해야 한다.

넷째, 국제 평화주의 원리이다. 대한민국은 국제 평화 유지를 위해 노력한다. 또한 침략 전쟁을 하지 않는 나라이다.

다섯째, 평화 통일의 원리이다. 대한민국은 민족의 통일을 지향하며, 평화적 방식의 통일 정책을 수립하고 추진한다.

국민주권과 자유민주주의 정치체제, 국제 평화에 대한 조항은 모든 민주주의 국가에서는 빼놓을 수 없는 것으로서 제헌 헌법에 명문화되어 있다. 평화 통일 원칙은 1972년의 유신헌법에서, 사회복지 국가에 대한 더 명료한 규정은 1980년의 5공화국 헌법에서 추가되었다. 이러한 조항들은 물론 시대의 변화를 헌법에 담는다는 의미도 있었지만, 정당하지 못한 집권 과정을 은폐하기 위한 정치적 선전의 성격이 짙었다. 이 밖에도 5공화국 헌법에는 모든 국민이 쾌적한 환경에서 살 권리가 있다는 환경권과 건강권 등과 같은 기본권 조항이 추가되었다.

그러나 문제는 헌법이 규정하고 있다고 해서 그것이 곧바로 현실에서 실현되지는 않는다는 것이다. 헌법이 규정한 내용들이 현실에서 얼마나 실현되는지는 정치적 조건에 따라 크게 달라진다. 현행 헌법에 따라 국민이 투표를 해서 대통령을 뽑을 수 있게 됨으로써 기본적인 자유민주주의 정치체제는 이룩되었다. 하지만 아직도 헌법이 규정한 국가의 목표와 가치들은 단지 법조항으로만 존재한다. 예를 들어, 빈부의 격차, 실업 문제 등이 심각해지면서 사회보장제도를 확립하는

대한민국 헌법 제1조 2항은 '대한민국의 주권은 국민에게 있고, 모든 권력은 국민으로부터 나온다'이다.

것이 아주 급하지만 가난한 사람들과 실업자에 대한 국가의 지원은 너무나 미약하다. 또 국제 평화주의를 내걸고 있으면서도 진지한 논의도 없이 이라크에 무장한 군대를 파견했다. 환경권도 개발 논리 앞에서는 늘 뒷전이다. 이러한 헌법의 규정과 원칙들을 실제 정치에서 실현해낼 수 있는 정치적인 힘이 아직 국민들에게 부족하기 때문이다.

헌법이 규정한 원칙과 목표가 실제로 현실에서 실현되기 위해서는 헌법의 주인인 국민이 헌법이 정한 가치가 현실에서 실현되도록 나서야 한다. 노무현 정권 때 6공화국 헌법을 개헌하자는 의견이 제기되었다. 그러나 여전히 대통령의 임기 등과 같은 권력 구조 문제가 중심일 뿐이었다. 그리고 헌법 개정에 대한 논의도 정치권에서만 이루어졌다. 그래서 사회복지나 환경보호 등과 같이 삶을 더 풍요롭게 하는 문제는 늘 뒷전으로 밀려나 있다.

과거 유신헌법에서는 국민이 헌법 개정에 대해서 말하는 것을 금지하기도 했지만 이 조항은 폐지되었다. 지금은 누구나 헌법에 대해 자유롭게 의견을 말할 수 있다.

국민의 기본권을 제한할 수 있을까?

18세 미만의 청소년에게는 담배와 술을 팔아서는 안 된다. 2004년부터 미성년자가 출입할 수 있는 대부분 지역의 담배 자판기가 철거되었다. 그리고 새로 설치되는 담배 자판기에는 주민 등록증으로 성인 인증을 하는 장치가 설치되었다. 청소년 보호법의 규정에 따른 것이다.

청소년들 중에는 어쩌면 이렇게 생각하는 사람도 있을 것이다. '그럼 나에게는 자유가 없다는 거야? 헌법에 보장되어 있는데! 그리고 몸에 나쁘다면서 어른들은 왜 담배를 피우는데?' 사실 어른들이라고 해서 담배를 피워도 괜찮은 것은 아니다. 담배 연기와 냄새를 싫어하는 사람들의 권리가 우선이기 때문에 어른도 담배를 피울 권리를 제한받는다. 헌법은 누구나 건강하고 쾌적한 환경에서 살 권리가 있다고 규정하고 있기 때문이다. 담배는 어린이와 청소년에게 특히 해롭다. 다만 어른은 자기 자신을 스스로 책임질 수 있지만, 청소년들은 그렇지 않기 때문에 국가가 청소년을 보호하는 것이다.

대한민국 헌법은 여러 가지 인간의 기본권을 규정해놓고 있다. 먼

> 청소년 보호법은 1997년 7월 1일 시행된 법으로, 청소년들에게 해가 되는 폭력적인 영상물, 음란물과 약물 그리고 여러 유해한 사회 환경으로부터 청소년들을 보호하기 위한 법이다.

저 자유와 평등이다. 자유권에는 신체와 생명의 자유, 양심과 종교의
자유, 언론 출판 및 집회와 결사의 자유, 학문과 예술의 자유 등과 같
이 전 세계 모든 사람들에게 적용되는 내용들이 포함된다. 평등권이
란 모든 사람이 인종, 성별, 신분, 종교, 재산상의 이유로 차별받아서
는 안 된다는 의미이다. 이 밖에도 선거권이나 공무원이 될 수 있는
권리 등과 같은 참정권이 보장된다. 그리고 교육을 받고, 일을 하고,
근로 조건 향상을 위해 단결할 수 있는 권리 등과 같이 인간다운 생활
을 하기 위해 국가에 요구할 수 있는 권리가 규정되어 있다. 그 밖에
도 재판 청구권 등과 같이 기본권을 보장받기 위한 수단으로 기본권
이 보장된다.

이러한 기본권을 제한하는 것이 일반 법률이다. 어떤 사람 또는 집
단의 자유와 권리가 다른 사람 또는 집단의 자유와 권리를 침해하지
않도록 제한하는 것이 법률이다. 즉 법률을 통해 모든 사람 또는 집단
의 자유와 권리를 공평하게 누릴 수 있도록 하는 것이다. 그런데 이러
한 법률은 인간의 기본권을 제한하는 성격을 갖기 때문에 반드시 국
민의 대표인 국회가 제정권을 갖는다.

그런데 국회가 제정한 법률에 따르지 않고도 기본권을 제한하는 경
우도 있을 수 있다. 즉 전쟁이나 내란, 천재지변 등과 같이 긴급한 상
황이 발생했을 경우에는 대통령의 권한으로 기본권을 제한하는 조치
를 취하기도 한다.

국민의 의무는 어떤 것인가?

권리가 있으면 의무도 뒤따른다. 그래서 헌법은 권리와 함께 의무도 규정하고 있다. 국민의 의무 사항을 헌법에 규정하고 있는 이유는 의무 이행을 강조하기 위해서가 아니라 헌법에 규정된 의무 사항 이외에 새로운 사항을 함부로 부과하지 못하도록 하기 위해서이다.

대한민국 헌법에 규정된 국민의 의무는 여섯 가지이다. 먼저 모든 국민은 세금을 내야 하는데, 이를 납세의 의무라고 한다. 그런데 세금을 내는 것은 국민이 자신의 재산을 마음대로 사용할 수 있는 권리 곧 개인의 재산권을 침해하는 것이 될 수 있다. 따라서 국가가 국민의 재산권을 함부로 침해하는 일을 막기 위해서 세금의 종류나 세율은 반드시 법으로 정해야 한다.

또 모든 국민은 법률이 정하는 바에 따라 국방의 의무를 진다. 그래서 신체가 건강한 남성은 20세가 되면 누구나 군대에 가야 한다. 그러나 최근들어 군대에 가는 대신 사회봉사 활동 등과 같은 형태로 대체 복무를 할 수 있는 길이 열리고 있다. 생명 살상을 목표로 하는 군대 제도가 종교적 신념과 양심에 어긋난다고 생각하는 사람들도 많기 때문이다.

교육의 의무는 모든 국민이 생활에 필요한 기본적인 교양과 능력을 가지게 함으로써 인간다운 생활을 할 권리를 보장하기 위한 것이다. 따라서 누구나 초등학교 6년과 중학교 3년의 의무교육을 마쳐야 한다. 따라서 교육은 의무인 동시에 권리이기도 하다. 학교에 갈 나이가 되었는데도 자녀를 학교에 보내지 않으면 부모가 처벌을 받는다.

근로의 의무란 말 그대로 국민은 누구나 일을 해야 할 의무가 있다는 뜻이다. 근로의 의무는 또한 국민의 권리이기도 하다. 인간은 일을 통해 자신의 삶을 유지하고 자신의 존재를 실현하기 때문에 국가는 일을 할 수 있는 권리를 보장하기 위해 노력해야 한다. 하지만 일을 하지 않고 산다고 해서 처벌을 받지는 않는다. 근로의 의무는 도덕적이고 윤리적인 의무이기 때문이다.

또한 개인의 재산이라도 권리를 행사할 때 공공의 복리에 적합해야 한다는 의무도 있다. 이를테면 개인 소유의 산이라 할지라도 함부로 숲을 훼손하고 건물을 지어서는 안 된다. 재산은 개인의 것이기도 하지만 사회가 그 사람에게 맡겨둔 것이라는 의미도 있기 때문이다. 그 밖에도 환경을 파괴하는 것을 막기 위해 국가뿐만 아니라 기업이나 개인에게도 환경 보전의 의무가 있다. 건물이나 공장을 지을 때는 누구나 공해 방지 시설을 갖춰야 한다.

선거와 정당

# 보통·평등·직접·비밀선거는 무엇일까?

민주주의 사회에서는 투표의 원칙을 법률로 정해놓고 있다. 보통·평등·직접·비밀선거는 민주주의 선거의 4대 원칙으로 헌법에 명시되어 있다. 이러한 원칙들이 지켜져야 공정한 선거가 된다고 보기 때문이다.

　　보통선거란 법률에 따라 선거권이 있는 19세 이상 대한민국 국민이라면 누구나 재산, 학력, 종교, 신분, 성별, 인종에 따라 차별받지 않고 투표권을 갖는다는 의미이다. 평등선거란 모든 유권자가 모두 똑같이 한 표의 권리를 갖는다는 의미이다. 예를 들어, 어느 선거구의 유권자는 20만 명이고, 다른 선거구의 유권자는 5만 명인데 똑같이 대표 한 명을 선출하도록 선거구를 나누어서는 안 된다. 표의 가치가 너무 차이가 나기 때문이다. 한 표의 가치를 완전히 똑같게 할 수는 없다 할지라도 지나치게 차이가 나서는 안 된다.

　　서양의 민주주의 제도를 그대로 받아들인 우리나라에서는 처음부터 보통 선거권과 평등 선거권이 제도화되었다. 그러나 서양에서 이러한 권리를 갖기까지는 기나긴 투쟁을 벌어야 했다. 예컨대 프랑스에서 여성이 투표권을 갖기까지는 100년이 걸렸고, 스위스 여성은 1971년이 되어서야 투표권을 갖게 되었다. 민주주의의 선진국이라고 하는 영국에서도 오랫동안 노동자들에게는 투표권을 주지 않았다. 노동자들에게 투표권이 주어진 이후에도 노동자들이 많은 도시 선거구는 농촌의 선거구보다 인구 규모가 훨씬 크게 나뉘어져서 대표성은 제한적이었다.

다음으로 직접선거란 국민이 자기가 원하는 후보자에게 직접 투표하는 것을 말한다. 다른 사람의 투표권을 누군가가 대신 행사해서는 안 된다. 비밀선거의 장점은 투표를 할 때 누구도 부담감을 느끼지 않도록 칸막이 안에 들어가 투표를 하는 것이다.

과거 독재 시대의 부정 선거는 바로 이 직접 비밀투표의 원칙을 훼손했다. 정보기관의 지휘를 받은 행정 관청이 이장이나 통반장을 앞세워 유권자를 매수하기도 하고, 특정한 후보나 정당에게 투표하도록 압력을 넣는 일이 비일비재했다. 군대 같은 강압적인 집단에서 이루어지는 투표의 경우에는 더욱 심해서 특정한 정당이나 후보자에게 몰표가 나오는 경우가 허다했다.

1960년 3월 15일 자유당 정권은 이승만을 대통령에 당선시키기 위해 사전 투표, 유령 유권자 조작, 반공개 투표 등 대대적인 부정 선거를 자행했다. 그 결과 이승만이 대통령, 이기붕이 부통령에 당선되었지만 대다수 국민들이 선거 결과를 인정하지 않고 시위를 벌였다.

왜 19세부터 선거에 참여할 수 있을까?

학생들은 어쩌다 돌아오는 선거일이 반갑다. 투표권은 없지만 학교에 가지 않고 하루 쉴 수 있기 때문이다. 그런데 왜 학생들은 선거일에 놀아야 할까?

정치에 관심이 있는 학생들은 어른들처럼 선거에 참여해 보고 싶을 것이다. 선거가 아니면 어떻게 자신의 정치적 견해를 표시할 수 있겠는가? 독일에서는 고등학생 때 정치를 시작해 19세에 국회의원에 당선된 대학생도 있다는데!

우리나라 국민이 선거권을 갖는 나이는 제1공화국에서 21세로 정해졌다가 4·19혁명으로 수립된 제2공화국에서 20세로 낮춰진 이후 줄곧 20세로 묶여 있었다. 2005년에서야 비로소 만 19세로 조정되었다. 민주주의가 발달한 서구의 나라들처럼 18세까지 낮추자는 의견이 많았지만 45년 만에 비로소 1년을 낮추는 데 그쳤다. 많은 유럽 국가에서는 18세가 되면 선거권만이 아니라 피선거권, 즉 선거에 출마할 수 있는 자격도 주

독일에서 고등학교를 졸업한 안나 뤼어만(19세)이 독일 의회 사상 최초로 하원 의원에 당선되었다. 지역구 투표에서 4위를 해 떨어졌지만 소속당인 녹색당이 많은 표를 얻어 비례대표로 당선되었다.

고 있다. 그러나 우리나라의 경우 선거에 후보로 출마할 수 있는 나이는 25세부터다. 대통령에 출마하려면 40세는 넘어야 한다.

유럽 여러 나라에서는 선거권 연령을 16세까지 낮춰야 한다는 논의가 한창이다. 교육 수준이 높아지고 정보 매체가 발달하면서 청소년의 정치의식 수준이 과

독일에서 19세에 국회의원이 된 안나 뤼어만.

거보다 훨씬 높아지고 있기 때문이다. 그런데 1997년 대한민국의 헌법재판소는 20세 이상에게만 선거권을 주는 것이 헌법에 위배되지 않는다는 판결을 내린 바 있다. 그 이유는 고등학생의 정치 참여가 비교육적이라는 것이었다. 유럽의 고등학생이 선거권과 피선거권을 갖는 시민으로서 권리와 책무를 다하고 있는 것과 비교해보면 이러한 논리는 궁색하기 짝이 없다.

사실 한참 산업화가 이루어지던 1970년대에는 산업 현장의 역군으로 피땀 흘려가며 일을 했고, 심지어 나라가 어려울 때는 그 나이에 총을 들고 나라를 지키지 않았던가? 그런데도 국가의 공무와 정치에 대한 사명감과 책임감을 기를 수 있는 선거권만 제한하는 것은 모순이 아닐 수 없다.

선거권 연령을 낮추는 데 반대하는 사람들은 고등학생의 정치 참여와 정치 교육이 초래하게 될 학교교육 체제의 변화를 두려워하고 꺼

리는 것이다. 게다가 이 연령대 유권자 수와 성향, 그리고 그에 따른 정치적 영향 등을 판단해보았을 때 기득권자인 자신들에게 유리할 게 없다고 판단한 것이다. 따라서 이들을 기반으로 하는 정당은 선거법 협상에서 늘 보수적인 주장을 펼친다. 그들의 동의 없이는 법안이 통과될 수 없기 때문이다.

선거를 왜 그렇게 자주 할까?

우리나라의 주요한 선거는 모두 개별로 치른다. 그래서 인기가 없는 대통령이나 여당은 선거를 너무 자주 한다고 난리다. 집권 시기에 치르는 선거는 늘 자신들의 정책이 국민들의 지지를 받고 있는지 아닌지를 평가하는 계기가 되기 때문이다.

우리나라의 정치를 결정짓는 선거에는 크게 세 가지가 있다. 5년마다 치르는 대통령 선거가 있고, 4년마다 치르는 국회의원 선거와 지방자치제 선거가 있다. 그런데 선거에서 선출된 의원들의 임기와 임기의 시작 연도가 서로 다르기 때문에 한 해 건너 전국적인 선거를 치르기도

> 보궐선거란 선거에서 당선된 사람이 사직이나 사망, 실격 등 직무를 수행하지 못하게 되었을 때 다시 선거를 하는 것을 말한다. 당선자는 전임자의 남은 임기 동안 그 임무를 맡는다.

한다. 그리고 국회의원이나 지방자치단체의 장이나 의원이 자격을 잃어 실시되는 일부 지역의 보궐선거를 거의 해마다 치른다.

여러 선거 중에서도 우리나라에서는 대통령 선거가 제일 중요하다. 대통령이라고 해서 무슨 일이든 할 수 있는 것은 아니지만, 어쨌든 대통령으로 당선된 사람의 정책과 이상을 실현할 수 있도록 가장 큰 권한을 부여하기 때문이다. 대통령이 바뀌면 기존의 정부 정책이 바뀌

고, 국무총리나 장관뿐만 아니라 여러 공공기관의 수많은 사람들이 바뀐다. 대통령이 속한 정당을 여당이라고 부른다. 정부에 참여하는 정당이란 뜻이다. 현행 헌법은 대통령의 임기를 5년 단임제로 하고 있기 때문에 5년마다 대통령이 바뀐다.

그 다음으로 중요한 선거가 국회의원 선거이다. 국회는 대통령의 막강한 권한을 견제하고 감시할 수 있는 권한을 가지고 있다. 여당과 야당 중에서 어느 쪽이 많은 의석을 차지하느냐에 따라 정치 정세가 바뀐다. 여당이 다수당이 되면 대통령은 임기 동안 힘을 갖고 정책을 법안으로 만들어 추진할 수 있고, 야당이 다수당이 되면 대통령과 여당은 힘을 잃게 된다.

지방자치제 선거는 특별시와 광역시 및 도 단위의 광역 자치단체의 장과 광역 의원, 그리고 시, 군, 구와 같은 기초 자치단체의 장과 기초 의원을 뽑는 선거다. 주민이 직접 참여해 자신이 사는 지역의 문제를 해결할 수 있는 후보를 뽑는 선거다. 하지만 우리나라에서는 아직도 대통령이나 주요 정당의 공과에 대한 평가에 따라 표가 갈리고 있다.

정당이 왜 필요할까?

사람들은 각자가 서로 다른 이해관계를 맺고 있고, 다양한 집단에 소속되어 있다. 만일 이 사람들 속에서 자신의 생각을 현실로 실현하고자 한다면 각 집단은 다른 집단들을 설득해서 자기편으로 끌어들여야 한다.

정치에서는 이러한 목적을 추구하기 위해 정당이라는 단체를 만든다. 민주주의 국가는 대부분 헌법에 정당에 대한 별도의 규정을 두어 그 활동을 보장한다. 누구나 뜻이 맞는 사람들이 모여 정당을 설립할 수 있다. 결국 민주주의란 정치에 대한 의견이 같은 사람들끼리 정당을 구성해 자신들의 생각을 정치적으로 실현하는 것이기 때문이다. 많은 사람들이 지지하는 정당이나 그 정당의 후보자는 권력을 갖고 자신들의 생각을 정책으로 펼칠 수 있다. 유권자가 선거를 통해서 자신들을 통치하도록 그들을 선택했기 때문이다.

국가는 정당의 활동을 뒷받침해준한다. 사람들의 정치적 의사가 반영되는 정치를 실현하기 위해서는 정당 활동이 활성화되어야 하기 때문이다. 예컨내 국가는 정당 활동에 필요한 사금을 모집할 수 있도록 제도로 보장한다. 또 일정한 지지를 얻은 정당에 대해서는 국가가 활동 자금을 지원해주기도 한다. 정당의 이념과 정책을 개발하고, 강령을 구체화하고, 그것을 널리 알리는 데는 시간만 드는 것이 아니다. 거기에는 사람들의 일손도 필요하고, 그에 대한 대가도 지불해야 한다. 또 선거운동에도 돈이 많이 들어간다.

그러나 자금 모집과 모집된 자금을 사용하는 방법에 대한 규정은 엄격해야 한다. 과거 모든 어두운 정치 역사는 대부분 법을 어겨가며 정치 자금을 모금하거나 사용한 것과 관련이 있었다. 불법 정치 자금이 문제가 되면서 국가가 정당에 지원하는 금액은 해가 갈수록 늘고 있다. 주요 정당들은 사실 국민의 세금으로 운영되는 셈이다. 그런데 이 액수를 결정하는 것도 바로 이 정당에 속한 국회의원들이다.

국민들은 평소에는 정치인들을 혐오하다가도 선거를 앞두면 어느 정당의 편에 서서 그들을 지지한다. 자신이 지지하는 후보가 당선되어야 올바른 정치가 이루어진다고 주장한다. 그러나 그러기 위해서는 먼저 정당이 민주적으로 운영되어야 한다. 실제로 많은 사람들이 정

한나라당, 민주당, 자유선진당, 민주노동당 로고.

당에 참여해서 정당의 의사 결정에 참가할 수 있어야 하고, 당비를 내서 당이 불법으로 거래하지 못하도록 보호해야 한다. 많은 사람이 참여하지 않으면 정당은, 나아가서는 우리 삶의 많은 부분을 결정하는 정치는 늘 몇몇 정치인들만의 소유물로 전락하고 말 것이다.

누가 선거에 출마할 수 있나?

어린이들이 가장 선망하는 꿈이 대통령이나 국회의원이었던 적도 있었다. 신문이나 텔레비전에서 정치인들을 국가와 민족을 위해 헌신하는 사람들로 미화하던 시대의 일이다.

오늘날 언론에 정치인들의 잘잘못이 낱낱이 파헤쳐지고 있어 정치인은 어린이들에게 그다지 호감을 주는 존재가 아니다. 하지만 우리의 삶에서 정치는 대단히 중요하다. 누군가는 그 중요한 일을 해야만 한다.

그런데 정치인은 특정한 곳에서 정치를 배워서 할 수 있는 직업이 아니다. 대학에 정치학과가 있지만 그곳은 정치인이 되기 위한 훈련을 하는 것이 아니라 정치학을 공부하는 곳이다. 정치학을 공부하지 않았더라도 25세 이상 된 한국인은 누구나 국회의원, 지방의회 의원 및 지방자치단체장 선거에 후보로 나설 수 있다. 대통령에 출마하기 위해서는 40세 이상이어야 한다. 어떤 직업을 갖든, 재산이 얼마이든, 학벌이 어떻든 상관은 없다. 출마할 수 있는 나이를 제한하는 것이 논란거리이긴 하지만 어쨌든 법이 그렇게 되어 있다. 물론 선거를 거치지 않고 장관 등과 같은 고위직으로 임명되어 바로 정치에 입문하는 사람들도 있다.

선거에 출마하기 위해서는 먼저 정당의 후보가 되어야 한다. 과거에는 후보가 되기 위해서는 정당의 유력한 지도자들과 친분을 맺는 것이 중요했다. 지금은 많은 정당들이 당원이나 대의원들이 투표를 하거나 여론조사를 해서 후보를 결정한다. 물론 출마하는 지역의 유력한 정치인의 지지가 중요하게 작용할 수도 있다. 그러나 이런 후보도 당선되기 위해서는 결국 지역 조직이 지지를 해야 한다. 정당에 몸을 담지 않은 경우에는 유권자의 추천을 받아 무소속으로 출마할 수도 있다

정당들은 대부분 지역별 당원협의회를 두고 있다. 인터넷으로 가입할 수도 있다. 정치를 몸소 체험하고 싶으면 선거 때 자원봉사자로 활동하는 것도 좋은 방법이다. 그곳에서 성실하게 일하고, 능력을 보여주면 다음번 지방선거에서 후보로 추천을 받을 수도 있다. 아니면 지역 조직이나 중앙당의 당직을 맡을 수도 있을 것이다.

정당 조직에는 사람들이 많이 몰려든다. 특히 2006년부터는 지방의회 의원이 높은 연봉을 받게 되면서 경력이 그럴듯한 많은 사람들이 당원으로 가입했다. 다양한 분야에서 전문성을 쌓은 사람들이 많아지면 정치는 좀더 낳아질 것이다.

피선거권은 선거에 나설 수 있는 권리를 말한다. 그런데 선거권과 피선거권을 행사할 수 없는 사람들도 있다. 금치산자, 선거법 위반자, 금고 이상형의 일반 사범인 경우이다.

선거 운동은 왜 요란할까?

바쁜 아침 시간 지하철역이 쩌렁쩌렁 울린다. "안녕하십니까? 기호 몇 번 아무개입니다. 잘 부탁드립니다!" 선거 때마다 흔히 볼 수 있는 광경이다.

오후가 되자 시내 곳곳에서 유행가를 개사한 노래가 흘러나오고, 커다란 화면에 화려한 영상이 눈길을 끈다. 선거가 시작된 것이다. 선거가 시작되면 정당과 후보자들은 표를 얻기 위해 엄청나게 많은 돈과 시간을 쏟아 붓는다. 또한 선거에서 이기기 위해 많은 전문가를 동원한다. 우리 눈에 보이는 공식적인 선거운동을 하기 전에 이미 많은 전문가들이 동원되어 여론조사를 하고 홍보 전략을 세운다. 정해진 선거운동 기간 이전에는 예비 후보자가 자기를 알릴 방법이 없는 데다가 법정 선거운동 기간이 짧기 때문에 최대한 많은 사람들을 동원해서 홍보를 한다.

중앙당에서는 텔레비전 광고를 한다. 언변이 있고 대중에게 잘 알려진 정치 지도자나 지지자를 동원해서 연설을 한다. 만일 대통령 선거라면 최고의 광고 홍보 전문가들이 동원된다. 과거 대통령 선거에서 화면에 비친 후보의 이미지나 말투 등이 당락을 좌우한 예들이 있기 때문이다. 또 영상 홍보물을 제작해 홍보를 한다. 노무현 대통령은 시장 아주머니가 꾸밈없는 모습으로 지지를 호소하는 광고가 성공해 당선되었다는 이야기도 있었다.

그러나 이러한 선거전은 일종의 쇼와 같다. 누구나 가장 좋은 면만을 보여주려고 노력하기 때문이다. 후보자들은 사람들의 관심을 끌기 위해 수많은 약속을 늘어놓는다. 공식 선거 홍보물과 포스터에도 미사여구로 가득 찬 약속들을 싣는다. 이것을 공적인 약속이라는 의미에서 공약(公約)이라고 한다.

하지만 약속을 믿을 수 있을까? 날마다 신문을 읽거나 뉴스를 보는 사람은 정당이나 후보자가 지금까지 한 일과 선거 때 했던 약속을 비교할 수 있다. 그런데 공약을 지키기 위해서는 엄청나게 많은 돈이 필요할 것이다. 그래서 수많은 약속을 정말로 이행할지 물어보고 싶다. 실제로 선거가 끝나고 나면 슬그머니 사라져버리는 약속들도 많다. 그래서 공약은 때로는 알맹이 없는 빈 약속이라는 의미에서 공약(空約)이라고 부르기도 한다.

비례대표제란 무엇일까?

국회의원 선거에서 유권자들은 기표소에서 표를 두 번 찍는다. 지지하는 후보에 한 표를 행사하고, 지지하는 정당에 대해 또 한 표를 찍는다. 소수의 지지를 받는 정당이라도 정당 투표에서 지지율만큼 일정한 의석을 분배받을 수 있다.

국회의원 선거에서 첫 번째 투표용지에는 지역구를 대표할 사람을 찍는다. 지역구 투표에서는 가장 득표수가 많은 후보가 당선된다. 두 번째 투표용지에는 지지하는 정당을 찍는다. 정당명부제 투표의 정당별 득표율 비례에 따라 비례대표 국회의원이 정당별로 배분된다. 이를 정당명부식 비례대표제라고 한다. 정당의 전국 득표율이 3% 이상이거나 지역구 당선자가 5명 이상인 정당에게는 의석이 배분된다. 이 제도의 도입으로 소수 정당에게도 국회에 진출할 수 있는 길이 열렸다.

과거에도 비례대표제는 있었다. 그때는 따로 정당 지지 투표를 하지 않고 정당별로 지역구에서 당선된 의원 수의 비율에 따라서 분배되었다. 독재 시대에는 정국 안정이라는 터무니없는 명목으로 득표율이나 의석수와 관계없이 원내 제1당이 더 많은 수를 차지했다. 심지어 유신 시대에는 국회의원의 3분의 1을 대통령이 임명하기도 했다.

　이러한 제도는 광역의회와 지방의회 의원을 뽑는 선거에도 그대로 적용된다. 그 결과 2006년 지방선거에서 유권자들은 무려 투표용지 6장에 붓 뚜껑을 눌러야 했다. 광역자치단체장, 광역의회 의원, 광역의회 의원 정당명부 투표, 기초단체장, 기초의회 의원, 기초의회 정당명부 투표 등이다. 여기에 2010년 지방자치 선거부터는 광역자치 단체의 교육감 투표가 추가된다.

　이처럼 정당명부제 투표를 실시하는 이유는 소수 정당이나 사회적 소수자 또는 약자를 대변하는 사람들의 정치적 발언권을 강화하기 위해서다. 그런 취지에서 정당명부 후보 명단에는 의무적으로 여성의 비율이 50%가 넘도록 하고 있다. 그중에서도 특히 지방선거에서는 비례대표에 여성 후보가 반드시 50% 이상 당선되도록 의무화했다. 즉 정당의 비례대표 홀수 순위는 반드시 여성이 차지한다. 이러한 제도에 따라 여성이나 장애인 같은 사회적 약자가 정치에 진출할 수 있는 통로를 마련했다.

비례대표제의 장점은 소수의 지지를 받는 정당에게도 의석을 보장해 사표(死票)를 방지하는 것이다. 이를 동해 다수파들만이 의석을 독점하는 것을 막고, 여론이 공정하게 반영되도록 한다.

대의제는 진정 민주적일까?

주민이 참여할 수 있는 폭을 얼마나 허용할지에 대해서는 늘 논란이 되고 있다. 대개 보수적인 사람들은 이를 되도록 억제하려 하고, 진보적인 사람들은 직접 민주주의를 확대하고자 한다. 이러한 의견의 차이에서 비롯된 충돌과 타협의 과정이 곧 현대 민주주의 발달의 역사이다.

대의제란 선거를 통해 선출된 대표로 하여금 국민의 의사를 대변하게 하고, 정책 결정을 맡기는 민주주의 제도를 말한다. 이것은 직접민주주의가 아니라 간접민주주의이다. 고대 그리스에서처럼 사회 구성원들이 의사 결정에 직접 참여하는 것이 아니라 대표 또는 대리인을 통해 정치에 참여하는 제도이기 때문이다. 이러한 간접민주주의 또는 대의 민주주의는 주로 의회를 통해 이루어지기 때문에 '의회 민주주의'라고도 한다.

그런데 이때 국민이 뽑은 대표가 과연 얼마나 국민을 대변하는지는 항상 과제로 남는다. 사람들은 그들이 국민들과는 전혀 다른 세계에서 따로 노는 사람들로 여긴다. 그리고 실제로 자신의 이익이나 자기가 속한 정파나 계층의 이익만을 좇는 경우도 자주 볼 수 있다. 대의

제가 가진 이러한 한계 때문에 18세기의 사상가 루소는 그 시대의 영
국 민주주의를 일컬어 "영국인들은 투표일에만 자유인일 뿐 나머지
시간에는 노예보다 나을 게 없는 처지로 되돌아간다"고 혹평을 한 바
있다.

현대 민주주의 국가에서는 이러한 문제들을 해결하기 위해 의회 민
주주의에 직접 민주주의적인 요소를 가미하기도 한다. 이를테면 국민
소환제를 통해 유권자의 의사를 제대로 대변하지 못하거나 비리를 저
지른 사람의 의원직을 박탈하는 것이다. 우리나라에도 이 제도가 부
분적으로 도입되어 자치단체의 대표들에 한해 주민소환이 가능하게
되었다. 그렇지만 이것도 역시 국가 전체 단위에서 실현하기는 쉽지
않은 것이 사실이다.

최근에는 인터넷 등을 통해서 활발한 정치 참여가 이루
어지면서 이러한 환경에 알맞게 직접민주주의 요소를 강
화하자는 주장도 나오고 있다. 주민들이 모두 한 자리에
모이기 힘든 상황에서 사안에 따라서는 인터넷을 이용해

우리나라는 건국 이후 소환
투표제에 관한 규정이 없었
다. 2006년에 주민소환제에
관한 법률이 새롭게 제정되
어 2007년 7월부터 시행되
었다.

주민들의 의견을 직접 묻는 전자 투표도 가능해졌기 때문이다. 이처
럼 발달된 전자 기술을 활용한 민주주의를 흔히 '전자민주주의' 라고
한다. 하지만 이러한 방식은 아직 폭넓게 채택되지 못하고 있다. 전자
투표에는 조작의 가능성이 남아 있고, 누리꾼들이 감성적으로 휩쓸려
버릴 위험이 있기 때문이다. 하지만 이러한 방식들을 통해 직접민주
주의까지는 아니라 하더라도 국민이 정치에 참여할 수 있는 폭이 좀
더 넓어졌다.

현대의 민주주의에서는 주민소환제나 전자 투표만이 아니라 다양한 방식으로 주민의 직접 참여를 확대하는 경향을 보이고 있다. 시민 사회가 정치에 참여하고자 하는 요구가 커지면서 정당과 의회에만 정치를 맡기기는 어렵기 때문이다. 이러한 경향을 '참여 민주주의'라고 한다. 주민의 참여를 광범위하게 보장하는 민주주의라는 뜻이다. 참여 민주주의는 정부의 의사 결정 과정에 정치단체, 사회단체, NGO, 민간 조직들이 광범위하게 참여하는 방식으로 이루어진다. 또 이들이 여론을 조성해 정부에 압력을 행사하는 방식으로 이루어지기도 한다.

인터넷 포털 사이트 다음(DAUM)의 '아고라'에서 네티즌들이 청원 운동을 벌이고 있다.

주민이 단체장을 파면할 수 있을까?

1995년에 지방자치제가 실시된 이후 10년 동안, 선거로 뽑힌 자치단체장 가운데 비리 혐의로 기소된 사람이 5명에 1명꼴에 이른다고 한다. 대부분 가벼운 벌금형 등으로 마무리되었지만, 끝내 자격이 박탈된 사람도 적지 않다.

어떤 자치단체의 공무원들은 결재 서류를 감옥으로 들고 가야 했다. 대법원이 최종 판결을 내리기 전까지는 자치단체장 스스로 사퇴하지 않기 때문이다.

2006년 5월 지방선거를 코앞에 두고 주민소환제 법안이 통과되었다. 위법 행위를 했거나 정책 실패의 책임이 있는 자치단체장과 자치단체 의원을 주민투표를 거쳐 자격을 박탈할 수 있게 된 것이다. 대의제 민주주의의 한계를 보완하기 위해 직접 민주주의적인 방법이 처음 도입되기 시작한 것이다.

주민소환이 이루어지기 위해서는 먼저 투표권이 있는 지역 주민 가운데 일정 수가 소환청구를 해야 한다. 그리고 지역 주민의 3분의 1

> 지방자치제도란 주민 스스로 지역의 사무를 처리하는 것을 말한다. 주민은 지방선거를 통해 자치단체장과 지방의원을 직접 선출한다. 단체의 장과 지방 의원의 임기는 4년이다.

이상이 투표를 해서 과반수의 지지를 얻으면 바로 직위에서 물러나야
한다. 그러나 소환제가 남용되는 것을 방지하기 위해 제한 규정을 두
고 있다. 소환 대상인 선출직 공직자가 임기를 시작한 지 1년 이내이
거나 남은 임기가 1년 이내인 경우, 주민소환 투표가 부결된 지 1년
이내인 경우에는 소환청구를 할 수 없다.

국민이 투표로 선출한 공직자를 국민이 소환하는 권리를 갖는 것은
너무도 당연하다. 이 법안은 2002년 대통령 선거에서 주요 정당들이
모두 내건 공약 사항이었다. 그런데도 이 법이 만들어지기까지 오랜
시간이 걸린 이유는 주민소환제가 결국 국회의원 소환 제도로 확대될
것을 우려했기 때문이다. 그래서 여전히 국회의원에게는 다음번 선거
전까지는 선거구 주민들이 그 책임을 물을 방법이 없다.

2007년에 주민소환제법에 따라 경기도 하남시에서 처음으로 주민
소환 투표가 실시되었다. 주민들의 의사를 묻지 않고 시장과 지방의
원들이 지역에 화장장을 유치했다는 것이 주요한 이유였다. 이러한
사유가 주민소환 투표의 대상이 되느냐는 논란이 있었지만, 어쨌든
최초로 주민소환 투표가 실시되었다. 시장의 책임을 묻는 투표에서는
투표율이 낮아 주민소환이 이루어지지 않았지만, 몇몇 지방의원에 대
해서는 소환이 이루어져 의원직을 박탈했다.

국민투표와 주민투표는 어떻게 다를까?

20여 년을 끌어오던 방사성 핵 폐기물 처리장이 역사의 고도 경주에 들어선다. 경주 시민들이 주민투표로 이를 수용했기 때문이다. 그렇다면 주민들의 투표로 결정하면 될 일을 왜 그토록 오랫 동안 갈등을 겪어야 했을까?

2003년 7월 전라북도는 부안군 앞바다에 있는 위도에 핵 폐기장을 유치하겠다고 나섰다. 그러나 부안군 주민들은 격렬하게 반대했다. 결국 주민들의 의사에 따라 부지 선정이 무산되었다. 이때 비로소 주민투표법이 만들어진 것이다.

국민의 대표를 선출하는 투표 이외에도 대통령은 필요할 경우 외교나 국방, 통일 문제, 그 밖에 나라의 중요한 정책을 국민투표에 붙일 수 있다. 그러나 실제 이러한 이유로 국민투표가 실시된 적은 단 한 번 있다. 1973년 박정희 정권이 유신헌법의 찬반을 묻기 위한 국민투표를 실시했다. 결과는 독재 정권의 억압적인 분위기에서 압도적인 수로 통과되었다.

이와 달리 주민투표는 전 국민을 대상으로 하는 것이 아니라 특정

지역의 주민을 대상으로 실시된다. 주민투표는 해당 지방의회나 일정 수의 주민들이 요구할 경우 이루어진다. 주민에게 과도한 부담이 되거나 중대한 영향을 미치는 사항들은 모두 주민투표의 대상이 될 수 있다. 경주에 이어 제주도에서는 2개의 시와 2개의 군으로 되어 있던 행정구역을 2개의 시로 묶는 주민투표가 실시되었다.

이 제도의 시행으로 정부나 지방자치단체가 지역 주민들이 반대하는 사업을 일방적으로 진행해서 생긴 마찰을 어느 정도 해소할 수 있게 되었다. 그러나 처음 시행된 주민투표 제도는 많은 문제점도 남겼다. 핵 폐기장 유치를 신청한 경주와 군산 가운데 찬성률이 높은 지역을 선택하기로 하자 유치에 찬성하는 사람들과 공무원들이 강압적으로 투표 참가와 찬성을 종용하는 사태가 벌어진 것이다. 그러나 오랫동안 끌어온 큰 과제를 해결해야 한다는 분위기 때문에 이러한 사태는 묻히고 말았다. 또 주민투표법이 주민이 투표를 요구할 수 있는 주민의 수를 지나치게 높게 정해놓아서 주민들의 투표 요구를 어렵게 하고 있다는 문제점도 제기되고 있다.

국민투표, 주민투표 제도와 더불어 국민이 자신의 의사를 표현하는 방법으로 국민발안 제도가 있다. 국민이 직접 법안을 국회에 발의하는 것이다. 그러나 우리나라에는 국민발안은 허용되지 않는다. 법안의 발의권은 오직 국회와 정부에게만 있다.

집회와 시위의 자유는 왜 중요한가?

2008년 미국산 쇠고기 수입 문제는 전혀 새로운 시위 문화를 만들어냈다. 시위를 주도한 사람들이 정당이나 시민단체가 아닌 청소년들이었다.

청소년들은 처음 광우병 쇠고기 수입 반대 시위를 인터넷에서 조직한 다음, 이를 길거리 촛불 시위로 이끌어냈다. 길거리 촛불 시위가 시작되자 많은 시민들이 가담하기 시작해서 한 달이 넘게 온 나라에서 이어졌다. 집회와 시위 상황은 실시간으로 인터넷을 통해 생중계되었고, 휴대전화로 참여를 독려하는 메시지가 전달되었다. 실제 참가하지 못하는 시민들은 인터넷에 수백만 개의 댓글을 달아 시위를 지지했다. 청소년과 젊은 세대가 집회와 시위에 자신들이 익숙한 첨단 정보화 기술을 활용한 것이다.

양심과 사상의 자유와 더불어 집회와 시위의 자유는 헌법으로 규정된 가장 중요한 기본권에 속한다. 국민은 자신의 생각을 세상에 알릴 권리가 있다. 그 행위가 타인을 불편하게 할 경우에도 이 권리는 유효

하다. 이런 방법을 통해서 국민은 어떤 법률이나 불공정한 사태에 동의하지 않는다는 것을 보여줄 수가 있다.

거리에서 집회나 시위를 하기 위해서는 경찰에 48시간 이전에 신고를 해야 한다. 경찰이 시위가 예정된 도로의 자동차 통행을 제한하거나, 그에 반대하는 폭력 시위자를 차단하는 등 대비 조치를 하도록 하기 위해서다. 그러나 몸에 띠를 두르거나 팻말을 들고 혼자서 벌이는 시위는 신고를 하지 않아도 된다. 혼자서 하는 시위는 집회가 아니기 때문이다.

그러나 미리 경찰에 신고하는 조항은 자칫 집회와 시위의 자유를 억압하는 장치로 악용될 수 있다. 과거 독재 정권 시대에는 이 조항들을 이용해 집회와 시위의 자유를 아예 막아버렸다. 많은 대학생과 민주화 운동가들이 미리 신고하지 않고 집회와 시위를 했다는 죄목으로 옥살이를 해야 했다. 사실은 경찰이 집회와 시위를 원천적으로 봉쇄했는데도 말이다.

시위는 평화롭게 진행되어야 한다. 시위 참가자는 무기나 다른 폭력 도구를 몸에 지니고 있어서는 안 된다. 시위가 폭력적일 것이라는 구체적인 증거가 있을 때는 시위를 금지할 수도 있다. 몇몇 사람의 파괴적인 행동으로 시위 전체를 위험에 빠뜨리는 경우도 있을 수 있기 때문이다.

대규모 시위로 교통이 정체되면 물론 짜증이 나기도 한다. 또한 이러한 상황이 거듭되면 아무리 주장이 옳다 할지라도 사람들의 지지를

서울시청 앞 거리를 가득 메운 광우병 쇠고기 수입 반대 촛불 시위대의 물결.

얻지 못할 수도 있다. 그러나 그처럼 수많은 사람들이 길거리로 몰려
나올 때에는 다 이유가 있는 법이다. 시위에 참가한 사람들의 주장에
동의하지 않는다고 해서 집회와 시위의 자유까지 없애야 한다고 생각
해서는 안 된다. 언젠가는 우리도 길거리에 나서서 시위를 해야 할 경
우가 생길 수 있다. 그리고 이러한 권리가 인정되지 않으면 다시 독재
자가 나타날 수도 있기 때문이다.

청와대에 편지를 쓰자고?

선생님이나 어른들은 학생은 공부나 열심히 하면 된다고 말한다.
그러나 학생도 의견을 말할 수 있어야 한다. 이럴 때 신문고를 울리는
방법이 있는데, 정부기관에 편지를 쓰는 것이다.

헌법은 모든 국민에게 정부 기관에 문서로 청원할 권리를 보장하고
있다. 청원을 받은 기관은 그 청원을 심사할 의무가 있다. 이 청원권은
참정권이 없던 봉건시대부터 내려오는, 사람들의 가장 기본적인 정치
적 권리이다.

청원의 범위는 아주 넓다. 국민이 국회에 직접 법률을 발의할 수는
없지만, 국회에 어떠한 법률의 제정이나 개정 또는 폐지를 제안할 수
있다. 또한 법원에 재판을 청구할 수 있다. 그 밖에도 비위 공무원의 징
계나 기타 행정기관의 불합리한 제도를 시정하라고 요구할 수도 있다.

국민권익위원회는 국민의 청원을 담당한다. 어린이나 청소년도 이곳에 청원할 수 있다.

국민의 청원을 담당하는 국가기관은 국민권익위원회이다. 이 기관에서는 국민의 청원들을 심사해 이를 해당 부서에 이관하고 답변하는 일을 한다. 청원 내용이 자신들의 소관 사항이 아닐 경우에도 도움을 주기 위해서 노력한다.

대한민국 사람이면 누구나 청원권을 행사 할 수 있다. 어린이나 청소년도 가능하다. 또 여러 사람의 의견을 모아 집단으로 청원하는 것도 가능하다. 요즘에는 거의 국가기관 대부분이 인터넷 사이트를 운영하고 있으므로 소소한 사항은 인터넷으로 해도 된다.

실제로 청소년들이 청원권을 행사해 국가기관과 사회에 여러 가지 문제를 상기시킨 예도 있다. 종교 단체가 세운 고등학교에 다니는 한 학생이 학교에서 종교 수업을 강요하자 학교 정문에서 1인 시위를 벌였다. 학교는 이 학생을 제적시켰다. 그러자 학생의 양심과 신앙의 자유

사상과 양심의 자유는 기본권 중 하나이다. 대한민국 헌법 제19조에 "모든 국민에게는 양심의 자유가 있다"는 조항이 있다. 사상의 자유를 따로 보장한 조항은 없지만 이는 양심의 자유와 사상의 자유를 하나로 보았기 때문이다.

를 요구하는 청원서에 청소년 7천여 명이 서명했다. 이 학생은 종교 단체가 설립한 학교의 종교 교육 실태를 파악하기 위해 시교육위원회에 정보 공개를 요구하기도 했다. 또한 국가인권위원회에도 청원권을 행사해 학교가 부당한 퇴학 조치를 철회해야 한다는 권고를 받아내기도 했다.

헌법에 보장된 사상과 양심의 자유는 어른들만의 문제가 아니다. 청소년이라 할지라도 자신의 양심과 어긋나게 신앙과 종교의 선택을 강요당해서는 안 되기 때문이다.

3장

통치기관

대통령은 모든 것을 마음대로 할 수 있을까?

우리는 거의 날마다 대통령과 관련된 뉴스를 보고 듣는다. 직접 대통령을 통하지 않더라도 청와대 대변인이 공식적으로 발표하는 뉴스 브리핑이나 성명서도 결국 대통령의 입장을 나타내기 때문이다.

헌법에 따르면 우선 대통령은 국가원수로서 대내외적으로 국가를 대표한다. 여기서 국가원수란 나라를 대표하는 지도자로서 최고 지위에 있다는 뜻이다. 대통령은 외국과 국교를 체결하고, 조약을 맺고, 외교관을 파견하는 등 모든 외교 행위에서 국가를 대표해 서명을 한다. 또 국내 정치에서는 각종 훈장과 표창을 대통령의 이름으로 준다. 국경일 등에 하는 사면도 대통령의 권한으로 이루어진다.

국무회의는 헌법에 규정된 기관으로서 중요한 국정 업무를 심의한다. 의장인 대통령과 부의장인 국무총리 외에 15인 이상 30인 이하의 국무위원으로 구성되는데, 대개는 각 부처의 장관이 국무위원을 겸한다.

그러나 이보다 더 중요한 것은 대통령이 행정부의 수반이라는 점이다. 대통령은 행정부의 수반으로서 국무총리와 각 부처의 장관을 거느리고 행정권의 행사를 총괄 지휘한다. 또한 국무회의를 주재해 국가의 정책을 결정하고, 국무총리를 통해 장관에게 지시하고 감독한다. 이를 위해 대통령에게 국무총리와 장관의 임명권이 있다. 자신이 펼치고자 하는 정책에 맞는 사람을 그 자리에 앉혀야 효율적으로 일할 수 있기 때문이다.

또한 대통령은 국가 안보를 책임져야 하기 때문에 국군의 통수권자라는 지위를 갖는다. 한미상호방위조약에 따라 전쟁이 일어났을 때 작전지휘권이 미군에게 넘어가 있지만, 보통 때에는 국방부장관이나 군대의 지휘관을 통해 군을 지휘한다. 또한 국가가 긴급한 상황에 처했을 때에는 긴급 명령이나 계엄령 등을 선포할 수 있는 권한도 있다.

입법부인 국회와의 관계에서 대통령은 국회가 만든 법을 단지 집행하는 것만이 아니라 정부의 이름으로 국회에 법률안을 발의할 수도 있다. 또한 대통령은 국회가 의결한 법안을 거부할 수 있는 권한도 있다. 드물기는 하지만 실제로 거부권을 행사하기도 한다. 사법부인 법원과의 관계에서도 대통령은 국회의 동의를 받아 대법원장과 대법관을 임명한다. 마찬가지로 헌법재판소의 소장과 재판관을 임명할 수 있다. 그 밖에도 대통령은 국민 여론과 국내외 정세를 판단해서 헌법 개정을 발의할 수도 있고, 중요 국정과 관련된 사항을 국민투표에 회부할 수도 있다.

이처럼 대통령은 막강한 권한을 행사할 수 있는 자리에 있다. 그러나 이러한 권한을 행사하는 것은 대부분 법에 따라 이루어지도록 규정되어 있다. 그리고 이 법을 만드는 곳은 국민의 대표 기관인 국회다. 국회는 법이 잘 지켜지고 있는지 감시하고 비판하는 권한도 있다. 그런데 과거 독재 정권 아래에서는 국회가 행정부를 견제하고 감시하는 기능을 할 수 없었다.

　민주화가 진행되면서 비로소 대통령이, 전제자나 폭군이 아닌, 법에 따라 통치하는 지도자가 되도록 길들이는 데 어느 정도 성공할 수 있게 되었다. 대통령이 국무총리나 장관을 임명할 때 국회의 인사 청문회를 거치게 된 것도, 이들이 국회에 출석해 땀을 뻘뻘 흘리며 답변을 하게 된 것도 모두 민주화가 이루어진 지난 몇 년 사이의 일이다. 대통령 측근들이 비리 혐의로 국회 청문회에 나와 조사를 받는 일도 자주 있었다. 그리고 이 모든 과정들은 국민들에게 공개되고 있다. 특히 정보기관이나 군대, 검찰, 경찰 등과 같이 대통령의 권력 유지에 동원되었던 기관들이 독립성을 갖게 된 것은 중요한 진전이다.

　대통령의 권한을 감시하고 견제할 수 있게 되자 어떤 정책을 수립해 결정하는 데 많은 찬반 논란을 거치게 되었다. 그런데 이런 논란의 과정을 비효율과 혼란으로 여기는 사람들은 여전히 있다. 이렇게 생각하는 사람들은 무엇이든 빠르게 결정해서 밀어붙이는 대통령을 훌륭하다고 여긴다. 그러나 비판과 토론의 자유가 존중되지 않고, 권력을 견제할 수 없다면 민주주의를 꽃피울 수 없다. 또 이러한 사람들이 목소리를 높일 때 우리의 민주주의는 다시 앞날이 불안해질 것이다.

대통령이 물러나면
누가 그 자리를 대신할까?

대통령은 내란을 일으키거나 외국과 공모해 나라를 위험에 빠뜨리는
죄를 짓지 않는 한 임기 중에는 다른 죄로 처벌을 받지 않는다. 대통령
이 직무를 안정되게 수행할 수 있도록 하기 위해서이다.

　　우리 역사에서 선거를 하지 않고 대통령 또는 국가수반이 된 경우
는 세 번 있었다. 4·19혁명으로 이승만이 물러나면서 외무부장관인
허정이 과도 내각의 수반을 맡았고, 1979년에는 박정희가 암살되자
국무총리인 최규하가 대통령을 대신했다. 2003년에는 노무현 대통령
탄핵 재판이 이루어지는 동안 고건 국무총리가 대통령 권
한대행을 맡았다.

　　헌법에 따라서 대통령을 물러나게 하는 방법은 국회가
탄핵을 의결하고, 헌법재판소가 이를 받아들이는 경우뿐
이다. 그러나 탄핵이 아니더라도 대통령이 사망하거나 사
고로 직무를 수행할 수 없는 경우도 있을 수 있다. 국가원
수이자 행정부의 수반이라는 자리는 한시도 비워둘 수 없

2004년 3월 야당 의원들은
노무현 대통령을 탄핵 소추
했다. 대통령이 선거법을 위
반해 국법을 문란하게 했으
며, 측근이 비리를 저지르는
등 부정부패를 해서 국정을
파탄시킨 잘못이 있다는 것
이었다. 탄핵 소추안은 국회
본회의를 통과했으나 헌법재
판소는 이에 대해 기각 결정
을 내렸다.

미국 44대 대통령 오바마와 부통령 바이든. 한국과 달리 미국에는 부통령제가 있다.

기 때문에 헌법에는 그에 대한 대비책이 마련되어 있다. 행정부에서 대통령의 다음 직위인 국무총리가 대통령의 권한대행을 맡는다. 그리고 60일 이내에 선거를 해서 후임자를 선출한다. 국무총리도 대신할 수 없는 경우에는 법에 정해진 순서에 따라 부총리나 장관들이 대신한다.

대통령제를 발전시킨 대표적인 국가인 미국에서는 부통령이 그 자리를 잇는다. 하지만 우리나라에는 이승만의 1공화국 이후 부통령 제도가 없어졌다. 국무총리가 행정부의 2인자로서 대통령을 보좌해 행정부를 통합하고 관할한다. 그런데 문제는 국무총리가 국회의원을 겸하고 있지 않은 경우에는 국민의 선거를 거치지 않은 공무원에 불과하다는 점이다. 이 점이 '모든 권력은 국민으로부터 나온다'는 국민주권의 원칙에 어긋난다는 주장도 있다. 임시라고는 해도 대통령 권한대행이라는 자리는 중대한 정치적 결단을 필요로 할 때도 있기 때문이다.

　물론 국무총리가 되기 위해서는 국민의 대표 기관인 국회의 임명 동의를 거쳐야 한다. 하지만 때로는 이런 절차는 형식일 수도 있다. 실제로 1979년 제왕처럼 대통령의 권한을 행사하던 박정희가 암살당한 뒤, 아무 실권이 없는 행정 관료인 최규하가 헌법에 따라 대통령 권한대행이 되었다. 그러나 그는 대통령이 해야 할 정치적 판단과 결단을 하지 못한 채 신군부에 휘둘리다가 전두환 일당의 12·12 군사 쿠데타를 막지 못하고 말았다.

국무총리에겐 어떤 실권이 있을까?

한때 '대독 총리'라는 말이 있었다. 국가의 주요한 행사에 대통령 대신 참석해서 연설문이나 읽고 마지막에 '국무총리 대독'이라는 말을 덧붙였기 때문이다. 독재 정권 시대에 아무 실권이 없던 국무총리를 일컫던 말이다.

대통령중심제 정부 형태이면서도 국무총리를 두고 있는 우리나라는 특이한 경우에 속한다. 제헌헌법이 대통령중심제에 의원내각제가 혼합된 정부 형태를 취하게 되면서 비롯된 일이다. 의원내각제를 거쳐 다시 대통령중심제로 전환한 3공화국에 들어서 부통령제는 폐지되었지만 국무총리제는 현재까지 그대로 유지되고 있다.

국무총리는 국회의 동의를 얻어 대통령이 임명한다. 이렇게 임명된 총리는 대통령을 보좌하며, 대통령의 명을 받아 행정 각 부를 통합 관할한다. 또한 각 부 장관의 임명 제청권과 해임 건의권이 있다. 이처럼 국무총리가 행정부의 국정 업무를 총괄하는 지위인 만큼 국민의 대표기관인 국회에 대해 책임을 져야 한다. 국회가 출석을 요구하면 국회에 출석해서 국정 업무를 보고하고 질문에 답변을 해야 한다. 국회가 책임을 물어 대통령에게 해임을 요구할 수도 있다.

그러나 대통령이 권력을 독점한 제왕적인 대통령제 아래에서 총리의 비중은 크지 않았다. 항상 다수당인 여당이 대통령의 영향력 아래 있었기 때문에 국회가 국무총리에게 국정의 책임을 묻는 일은 거의 없었다. 하지만 민주화되면서 국회의 권한이 강화되어 국회가 협조를 해주어야 국정 업무를 원활하게 수행할 수 있게 되면서 국무총리의 역할은 중요하게 되었다. 실제로 대통령과 분담해 국정을 어느 정도 책임질 수 있는 총리가 아니면 국회의 협조를 이끌어낼 수 없게 되었기 때문이다.

그래서 특히 국회가 여당 의원 수보다 야당 의원 수가 많은 상황에서는 대통령이 국회의 지지를 얻어 국정을 안정되게 수행하기 위해서 다른 당에 국무총리를 맡기는 경우도 있다. 다른 당에게 총리나 장관직의 일부를 맡기는 대신 국회에서 안정적인 지지 의석을 확보해 이른바 연립정부를 구성하는 것이다.

국무총리는 헌법에 규정된 자리이다. 그러나 부총리를 두는 것은 헌법이 아니라 일반 법률에 따른 것이다. 따라서 법률을 개정해 정부가 지향하는 목표나 방향에 따라 부총리를 여러 사람 두거나 아예 없앨 수도 있다.

장관들이 하는 일은 무엇일까?

영어로 장관을 나타내는 미니스터(Minister)라는 말은 원래 라틴어의 하인을 뜻하는 말에서 유래했다. 물론 장관은 훨씬 지위가 높고 중요한 일을 하지만, 인사청문회에서는 국민 앞에 몸을 낮추어야 한다.

노무현 정부에서부터 장관을 임명할 때 국무총리의 제청을 거쳐 국회가 인사청문회를 열도록 했다. 국회의 동의를 얻지 못하면 대통령도 마음대로 장관을 임명할 수 없다. 때로 인사청문회 절차를 거치는 동안 여러 가지 추문이 드러나서 장관직에 임명되지 못하는 경우도 있다.

장관의 수는 일정하지 않다. 정권이 바뀌면 정부 조직을 늘리거나 줄이기 때문이다. 재정이나 경제 문제, 통일과 외교 문제 등을 다루는 주요 부처의 경우에는 장관이 아닌 부총리를 두기도 한다. 장관은 행정 각 부의 책임자이면서 동시에 국무위원으로서 국무회의의 구성원이다.

미국의 대통령제에는 내각에 대한 규정이 없다. 대통령은 각 부의 장관을 개별 또는 그때그때 관계 부처 장관을 소집해서 국정을 처리한다. 그러나 내각책임제의 요소가 섞인 대한민국 헌법은 대통령의 권한에 관련된 사항은 거의 모두 국무회의를 거치도록 하고 있다. 국무회의는 대통령을 의장으로 하고, 부의장을 국무총리로 하는 행정부의 최고 심의기관이다. 국무회의가 바로 의원내각제 정부에서 내각에 해당된다. 따라서 장관은 부처의 주요 국정 업무를 국무회의에 보고하고 심의를 거친 뒤 집행해야 한다. 예를 들어, 재정경제부장관은 국가의 돈 문제를 관리하고, 국방부장관은 군대를 관할한다. 장관 밑에는 장관을 보좌하는 차관이 있고, 전문적으로 그 부서의 업무를 맡아 온 공무원들이 장관을 보좌한다. 따라서 장관이 해당 분야의 최고 전문가일 필요는 없지만 대통령의 국정 방향을 잘 이해해서 어디에 중점을 둘 것인지를 결정해야 하는 위치에 있다.

그래서 국회의원이 장관을 겸직하는 경우도 많다. 행정 각 부의 조직을 효율적으로 변화시키고 중요한 정책을 결정하는 데에는 공무원보다 정치인이 더 나을 수도 있기 때문이다. 그러나 국회의원이 장관을 겸직한다고 해서 월급을 두 배로 받지는 않는다. 국회에 출석해서 표결에 참여할 수는 있지만 국회에는 사무실도 없고 보좌진도 없다.

국회를 가장 중요한 헌법기관이라고 하는 이유는?

헌법에는 국회에 관한 규정이 대통령과 정부보다 먼저 나온다. 국민의 대표가 법률 제정권을 갖고, 그 법에 따라 통치를 하는지를 감시하고 비판하는 기능을 무엇보다 중요하게 여기기 때문이다.

인간의 각 신체 기관이 생명을 유지할 수 있게 해주듯이 헌법을 살아 있게 해주는 조직을 우리는 헌법기관이라고 부른다. 헌법기관은 서로 견제하고 균형을 이루어 민주주의를 실현할 수 있도록 한다. 그중에서도 국회는 대통령과 함께 국민의 손으로 직접 선출해 권력을 위임받은 가장 중요한 헌법기관이다. 나머지 헌법기관들은 대통령과 국회가 임명권을 행사해 구성한다.

국회는 네 가지 중요한 임무를 수행한다. 국회는 우선 입법권을 갖는다. 법률은 국회에서만 제정하거나 개정할 수 있다. 외국과의 조약 체결 등도 국내법과 같은 효력을 갖기 때문에 반드시 국회의 동의를 얻어야 한다. 마찬가지로 국가가 위기에 처했을 때 대통령이 내리는 긴급 명령이나 계엄령도 국회가 동의하지 않으면 효력이 없다. 또 헌법 개정도 국민투표 이전에 국회의 동의가 필요하다. 법률 제정이나 개정, 외국과 체결한 조약, 대통령의 긴급 명령 등이 국민의 기본권을 제한할 수 있기 때문이다.

그러나 국회의원들은 아직 이 임무에 대한 전문성이 부족하다. 그래서 국회의원이 발의한 법률보다 정부가 발의한 법률안이 많다. 어떤 국회의원들은 자신들의 지역구에만 유리한 법안을 만드는 데 입법권을 행사하기도 한다. 때로는 이른바 '민생 문제'와 관련된 시급한 법안들도 정쟁 때문에 뒷전으로 밀려 비난을 받는다.

다음으로는 예산안 승인권이다. 정부는 해마다 예산안을 국회에 제출해야 한다. 예산안에는 얼마나 많은 돈이 국고로 들어올 것인지에 대한 예측과 그 돈을 어디에 지출할 것인지에 대한 계획이 들어 있다. 국회의원들은 어느 지역에 도로를 건설해야 하는지, 사회복지비를 늘려야 하는지 줄여야 하는지 등등 의견을 제시한다. 정부 계획에 대해서 오랜 시간 격렬한 토론이 벌어진다. 이런 과정을 통해 예산안을 수정한다. 하지만 이렇게 수정된 예산안도 바로 통과되는 일은 드물다. 야당이 다른 요구 조건을 내걸고 예산안 통과를 거부하기 때문이다. 그래서 끝내는 연말을 몇 시간 앞두고서야 표결로 결정이 나는 경우가 많다.

그 다음으로 중요한 권한은 정부에 대한 질의, 조사, 감독권이다. 국무총리나 국무위원을 불러놓고 이루어지는 대정부 질문은 때로는 정부의 책임자들을 쩔쩔매게 한다. 그리고 국회는 해마다 정기적인 국정감사를 실시한다. 국정감사 대상에는 국가 예산을 사용하는 모든

국회 인사청문회에서 선서를 하고 있는 한승수 국무총리.

기관이 해당된다. 또 특별한 사건이 있을 경우에는 국정조사권을 발동해 증인을 불러다가 청문회를 열기도 한다. 사전 조사와 준비를 충실히 한 의원들이 좋은 평가를 받는다.

그 다음으로 국회가 가진 중요한 권한은 인사권이다. 국회는 국무총리, 대법원장과 대법관, 헌법재판소장, 감사원장 등에 대한 임명 동의권과 탄핵소추권을 가지고 있다. 또 노무현 정부 들어 국무위원과 국가정보원장, 검찰총장, 국제청장, 경찰청장도 국회의 인사청문회를 거치게 되었다. 이들 가운데 국무총리와 국무위원은 대통령에게 해임을 건의할 수도 있다. 그동안 국회의 인사청문회 과정에서 과거의 비리가 밝혀져서 임명되지 못한 국무총리나 장관도 몇 명 있다. 또한 큰 잘못도 없이 정쟁의 희생양이 되어 해임된 장관도 있다.

하지만 국회의원들이 정작 자신들의 문제에 대해서는 지나치게 관대하다는 비판이 제기되고 있다. 비리 국회의원을 몰아낼 방법은 법정에서 의원직을 잃을 만큼의 중죄가 확정되는 경우뿐이다. 그 전까지는 국회에 윤리위원회를 두어 자체 징계를 하도록 하고 있지만 윤리위원회는 자신들의 임기가 끝날 때까지 거의 열리지 않는다.

여소야대, 여대야소?

국회의 권한 행사는 늘 표로 결정된다. 국회는 대부분 과반
수의 찬성으로 결정하기 때문에 여당 의원의 수가 절반을 넘
으면 대통령과 정부는 힘을 얻는다.

여당 의원의 수가 야당 의원의 수보다 적으면 여당은 다른 야당의
도움을 얻어야 한다. 이른바 여소야대의 국회다. 여소야대의 국회가
처음 만들어진 때는 1988년 13대 국회에서였다. 지역구 한 곳에서 두
명을 뽑는 중선구제가 한 명만 뽑는 소선거구제로 바뀌고, 권력 기관
이 선거에 개입하기 어려워지면서 야당의 의석수가 처음으로 여당을
앞지르게 되었던 것이다.

13대 국회는 이른바 '3김'으로 대표되는 세 야당의 협조 체제로
5·18광주민주화운동과 5공화국의 권력형 비리 사건을 조사했다.
국회의 청문회가 처음으로 텔레비전으로 생중계되면서 모든 국민의
관심이 집중되었다. 첫 번째 여소야대 국회는 노태우의 민정당과 김
영삼의 통일민주당, 김종필의 공화당이 '3당 합당'을 함으로써 막을

내렸다.

이후에도 여소야대는 드문 일이 아니었다. 김대중 정부는 처음부터 소수파 정부로 출범했다. 노무현 정부가 들어선 이후 17대 국회에서 여대야소가 되었으나 이후 보궐선거에서 연이어 야당에게 패배하면서 다시 여소야대가 되었다.

여소야대가 되면 국회의 협조를 받기가 쉽지 않기 때문에 대통령과 정부가 정책을 수행하는 데 큰 타격을 입게 된다. 이때는 우선 소수당의 가치가 올라간다. 소수당의 표가 국회의 표결에 결정적인 영향을 끼치기 때문이다. 그래서 중요한 사항의 표결을 앞두고는 긴장된 상황이 연출된다. 이때는 외국에 출장 중인 의원도 급히 돌아와야 한다.

대통령과 여당이 소수당과 연합을 해서 정부와 국회를 꾸려가는 것을 소연정이라고 한다. 연정이란 연합 정권을 줄인 말로 손을 잡고 함께 일하는 것이다. 김대중 정부의 새정치국민회의가 김종필의 자민당과 연합을 한 예가 대표적이다.

아직까지 실현된 적은 없지만 이론으로는 대연정도 가능하다. 대연정이란 여당이 거대 야당과 연합을 해서 국회에서 수적으로 안정되게 우위를 차지하고, 정부의 권력을 나눠 갖는 것이다. 그러나 다음번 대통령 선거에서 승리할 가능성이 높은 상황에서 거대 야당이 대연정에 응하기란 쉽지 않다. 자칫 지지자들에게 외면당할 수 있기 때문이다.

원내 교섭단체 구성에
안간힘을 쓰는 이유는?

총선거에서 국회의원들이 선출되면 새로운 국회가 구성된다. 그렇다고 바로 국회가 제 기능을 하는 것은 아니다. 새로운 국회가 구성되어 임기가 시작되고 나서도 의장과 부의장을 선출해야 하고, 의원들이 어떤 상임위원회에 속할지를 결정해야 하기 때문이다.

국회 구성에 관한 협의는 원내 교섭단체 대표들 사이에 이루어진다. 이 과정은 길고 지루하다. 때로는 여야 간의 의견 차이로 몇 달 동안 국회가 구성되지 못하는 경우도 있다.

현재 국회법으로는 선거에서 20명 이상의 국회의원을 당선시킨 당이 원내 교섭단체로 인정된다. 의석을 20석 이상 갖지 못한 당은 군소 정당으로 간주된다. 교섭단체를 구성할 수 있느냐 없느냐는 당의 지위와 위상에 큰 차이를 가져다준다. 그래서 드물지만 20석 이상을 얻지 못한 정당이나 무소속 의원들끼리 모여서 교섭단체를 구성하기도 한다.

우선 교섭단체가 될 경우에는 정당에 대한 국고보조금에서 큰 혜택을 받는다. 국고보조금의 50%가 우선 원내 교섭단체를 구성한 정당에게 돌아가고, 나머지 50%를 득표율이나 의원 수 등에 따라 분배하기 때문이다.

교섭단체를 구성한 당의 의원들이 모여 원내대표를 선출하고, 각 당의 원내대표들이 협의를 해서 국회의장과 부의장, 각 상임위원장, 의원들의 소속 상임위원회, 심지어는 본회의장의 자리 배치까지 결정한다. 또 교섭단체를 구성할 경우에는 국회 안에 원내대표의 사무실을 주고, 전문 연구위원을 배정해준다.

국회에서의 발언 비율, 상임위에서 의원의 배정 비율 등은 모두 교섭단체 소속 의원 수의 비례에 따라 이루어진다. 따라서 교섭단체를 구성하지 못한 당은 국회의 구성에서도 여러 가지 불이익을 받게 된다. 원내대표와 부대표들이 중심이 되어서 구성되는 상임위원회가 운영위원회이다. 국회 소집과 의사일정 등에 대한 협의는 바로 이 운영위원회에서 결정된다.

이러한 원내 교섭단체의 규정을 두는 이유는 정당들 사이에 의사 협의가 원활하게 이루어지도록 하기 위해서이다. 그러나 거대 교섭단체 위주로만 의사 협의가 진행되기 때문에 오히려 소수 정당의 의사를 반영하지 못하는 결과를 가져오기도 한다. 그래서 원내 교섭단체의 구성 요건을 낮추자는 이야기도 나온다.

국회는 일년에 며칠 동안 문을 열까?

영국 런던의 시민들은 템스 강변에 자리한 영국의회의 의사
당에 불이 켜져 있으면 안심하고 잠을 잤다고 한다. 그러나
우리나라 국회의원들은 때때로 국회에서 볼썽사나운 몸싸
움을 벌이곤 한다.

'시급한 민생 법안을 처리하기 위해 여당이 국회 소집을 요구했으
나 야당이 거부했다.' 또는 '야당이 정부의 실정을 따지기 위해 국회
소집을 요구했으나 여당이 반대했다.' 이런 신문 기사가 해마다 되풀
이된다. 그리고는 정작 법안이나 예산안 심의가 졸속으로 이루어졌다
는 보도가 나온다. 월급도 많이 받는다는 국회의원들이 왜 일을 제대
로 하지 않는 것일까?

국회에서 열리는 회의에는 정기국회와 임시국회가 있
다. 정기국회는 해마다 1회 소집되고, 임시국회는 대통령
또는 국회 재적 의원 4분의 1 이상이 요구하면 소집된다.
정기국회의 회기는 100일, 임시국회는 30일을 넘어서는
안 된다.

국회의장은 국회의 수장으로 국회를 대표한다. 국회의장의 권한은 국회대표권, 의사정리권, 질서유지권, 사무감독권 등이 있다. 대한민국 초대 국회의장은 이승만이며, 제헌 국회 동안 국회의장직을 맡았다.

회기 일자를 제한하는 규정은 군사 쿠데타로 집권한 3공화국에서 시작되었다. 박정희 군사정권이 국회의 견제를 극도로 싫어해서 될 수 있는 대로 국회를 열지 않으려고 했기 때문이다. 군사정권은 심지어 국회에서 정부 정책에 대해 토론을 하는 것을 낭비라고까지 여겼다. 이에 따라 유신헌법에서는 아예 국회의 연간 회기를 150일이 넘지 않도록 명문화하기도 했다. 6공화국 헌법에서 이 규정을 없앴다. 따라서 국회가 결의해서 임시국회를 연이어 다시 소집하면 상시적인 국회도 가능하게 되었다.

정기국회는 해마다 9월 1일에 열린다. 그 다음 해 국가의 예산안을 심의해서 확정하기 때문에 예산 국회라고도 부른다. 정기국회에서는 먼저 예산 심의를 위한 사전 절차로 전년도 예산에 대한 결산 심의와 국정감사를 한다. 즉 결산을 통해 예산 운용의 문제점 등을 찾아내고, 국정감사를 통해 이런 문제점을 검증하는 것이다. 이를 바탕으로 제도적으로 보완할 점과 대안을 모색해서 법으로 보완하고 생산적인 예산 편성이 되도록 한다.

임시국회는 긴급한 현안을 다루기 위해 언제든 소집할 수 있다. 지난 2000년부터는 국회법이 개정되어 2, 4, 6월에는 임시국회를 소집하도록 명문화했다. 그러나 의무 규정은 아니기 때문에 여야가 어떤 안건들을 다룰지 합의하지 못하면 아예 소집되지 않을 수도 있다.

의사정족수와 의결정족수란 무엇인가?

해마다 시민단체가 발표하는 국회의원에 대한 평가 항목에서 주요한 기준 가운데 하나가 의원들의 회의 출석률이다. 국회의원들이 국회의 회의에 출석하는 비율이 대단히 낮기 때문에 이런 기준이 생긴 것이다.

　국회는 일정한 인원 이상이 회의에 참석하지 않으면 법에 따라 회의가 성립되지 않는다. 회의가 성립되기 위한 최소한의 참석 인원수를 의사정족수라고 한다.

　국회의 본회의가 열리기 위해서는 전체 의원의 5분의 1 이상이 회의에 참석해야 한다. 그런데 본회의가 길어지면 한두 명씩 자리를 비워서 실제 참석자가 정족수 이하로 내려가는 경우도 자주 생긴다. 가끔 텔레비전 뉴스에 비친 본회의장은 썰렁하기 그지없다. 이럴 때는 국회의원들에게 회의에 참석하라고 독려하는 구내방송을 하기도 한다. 본회의에 안건을 넘기기에 앞서 그 안건을 담당하는 상임위원회의 회의는 소속 의원의 4분의 1 이상이 참석해야 한다.

　그리고 의결 사항은 대부분 특별한 규정이 별도로 마련되어 있지 않은 경우에는 절반 이상이 회의에 참석해서 참석자의 절반 이상이 찬성해야 한다. 이를 의결정족수라고 한다. 찬성하는 의원과 반대하는 의원의 수가 같을 때에는 부결된 것으로 본다.

이 숫자는 헌법이나 법률에 다른 규정이 있을 경우에는 달라진다. 먼저 국무총리와 국무위원의 해임 건의안 표결에는 전체 의원의 3분의 1 이상이 발의를 해서 전체 의원의 절반 이상이 찬성해야 한다. 이는 국무총리, 국무위원, 장관, 헌법재판소 재판관, 법관, 중앙선거관리위원회 위원, 감사원장, 감사위원이나 기타 법률이 정한 공무원을 탄핵할 때에도 마찬가지이다. 다만 대통령에 대한 탄핵은 전체 의원의 반 이상이 발의를 해서 전체 의원의 3분의 2 이상이 찬성해야 한다. 안정적인 대통령제를 보장하기 위해 조건이 강화된 것이다.

또 대통령이 거부권을 행사한 법률을 다시 의결할 때에는 전체 의원의 절반 이상이 출석하고, 출석한 의원의 3분의 2 이상이 찬성해야 한다. 이럴 경우에는 대통령이 다시 거부할 수 없으며, 즉각 법률로 효력을 발휘한다. 헌법을 개정하기 위해서는 전체 의원의 절반 이상이 발의를 하고, 전체 의원의 3분의 2 이상이 찬성을 해야만 국민투표에 붙일 수 있다. 또한 대통령에 대한 탄핵만큼이나 어려운 것이 동료 국회의원의 제명이다. 전체 의원의 3분의 2 이상이 찬성해야 가능하다.

설악산과 경주 두 곳 중 수학여행을 어디로 갈지 결정해야 한다. 나는 경주에 가보고 싶은데, 친구는 제주도로 가고 싶어한다. 의견이 제주도로 기울어지자 친구가 나를 이렇게 협박한다. "만약 네 표 때문에 제주도가 탈락하면, 너하고는 끝장이야."

같은 정당에 속해 있는 국회의원들이라고 해서 세부적인 모든 사항에서 의견이 일치하는 것은 아니다. 당연히 서로 의견이 다를 수 있고, 이처럼 다른 의견이 함께 공존하는 것이 오히려 민주주의에 활기를 불어넣는다.

그런데 막상 표결할 때가 문제이다. 당의 정책과 노선에 따라서든 아니면 당리당략에 따라서든 당론이 정해졌다고 하자. 이때 당론과 의견이 다른 국회의원은 반드시 당론에 따라야 할까? 아니면 자신의 양심과 소신에 따라야 할까? 분명히 헌법에는 "국회의원은 국가 이익을 우선하여 양심에 따라 직무를 행한다"고 규정하고 있다. 다행히 순수하게 양심이 문제가 되는 경우는 드물기는 하다. 하지만 국회의원에게는 이 양심의 자유라는 문제가 언제나 제기될 수 있다.

개개인이 헌법기관인 국회의원을 '거수기'라고까지 부르던 시절도 있었다. 여당의 국회의원은 대통령 한 사람의 뜻에 따라야 했고, 야당도 지도자 한두 사람의 의견에 따라 지배되었기 때문에 무조건 당론 투표가 강요되었다. 그렇다고 해서 국회의원 개개인이 정치적 책임을 질 필요는 없었다. 국회에서 이루어지는 표결은 대부분 비밀투표로 진행되기 때문에 국회의원 개인의 찬반 의사가 드러나지 않고, 따라서 결과에 대해 정치적 책임을 질 필요가 없었던 것이다. 게다가 국회의원이 되기 위해서는 유권자의 지지보다 소속 정당의 공천이 더 중요했기 때문에 당론이 개인의 양심과 소신에 위배되어도 반대를 할 수 없었다.

실제로 1999년에는 국회의원이 당론과 반대되는 발언을 해서 당에서 쫓겨난 일도 있다. 또 2003년에는 이라크 파병과 관련한 투표에서 당론에 반대해 투표한 의원에게 당원의 권한을 정지시키기도 했다. 그런데 이러한 당의 조치는 오히려 국민들에게 커다란 비난을 받았다. 국회의 표결에서 표결 실명제와 교차투표가 전면 실행되어야 한다는 논의가 일었다. 이후 당론이 통일되지 않고 엇갈릴 경우 당론을 정하지 않고 교차투표를 허용하는 경우가 늘어나게 되었다. 그러나 아직도 의원총회를 열어 암암리에 당론 투표를 강요하기도 하는 것이 현실이다.

국회의원의 발언은 처벌받지 않을까?

국회의원이 국회의 여러 회의나 국정감사 등에서 한 발언이 모두 사실은 아니다. 때로는 사실을 확인해보지도 않고 시중의 소문을 그대로 옮겨서 상대방의 명예를 심각하게 훼손하는 경우도 있다.

국회는 언론의 자유가 철저하게 보장되는 공개된 무대이다. 이 무대는 밀실이 되어서도 안 되고, 할 말을 제대로 못하게 해서도 안 되는 영역이다. 국민의 대표 기관의 가장 기본 임무인 정부에 대한 견제와 비판의 권한을 최대한 보장하기 위해서이다. 이는 민주주의 국가에서 대부분 헌법으로 보장되는 권리이다.

마찬가지로 우리 헌법도 '국회의원은 국회에서 직무상 행한 발언과 표결에 관하여 국회 밖에서 책임을 지지 않는다'고 규정하고 있다. 직무상의 발언과 표결이란 본회의나 위원회, 기타 국회 활동에서 한 발언과 표결을 말한다. 국회 밖에서 책임지지 않는다는 것은 그 발언으로 인해 법정에 서거나 경제적 책임을 지지 않는다는 뜻이다. 잘못된 발언을 한 국회의원도 잠시 비난을 받기는 하지만 처벌을 받지는 않는다. 면책특권 곧 발언에 대한 책임을 면제받을 수 있는 권한이 있기 때문이다.

그러나 독재 정권 시대에는 이러한 면책특권이 무시되기도 했다. 유신 시대에는 박정희를 비판한 야당 국회의원을 여당의 주도로 제명한 적이 있고, 5공화국 시대에는 "국시가 반공보다는 통일이어야 한다"고 말한 국회의원이 구속되기도 했다. 대정부 질문 원고를 사전에 언론에 배포한 것이 국가보안법에 위배된다는 것이 이유였다.

민주화 이후 이러한 폭거는 어렵게 되었다. 하지만 이제는 면책특권을 악용하는 사례가 많이 늘어나고 있다. 정치적인 경쟁자를 궁지에 몰아넣기 위해 근거도 없는 소문을 사실인양 퍼뜨리는 것이다. 의석의 3분의 1 이상을 차지하는 정당의 국회의원을 국회가 자체적으로 징계하기란 불가능하다는 점을 악용하는 것이다.

그 밖에도 국회의원에게는 불체포특권이 있다. 권력자가 반대파 의원을 체포하거나 구금하는 것을 막기 위해서 범죄 행위를 했더라도 국회가 열리는 동안에는 체포할 수 없도록 하는 것이다. 그러나 가끔 이러한 권리를 악용하기도 한다. 같은 당 의원의 체포를 막기 위해서 자기들끼리만 국회를 여는 것이다. 이른바 '방탄국회'라는 것이다.

야당의 반대는 쓸모없는 것일까?

부모는 아이들이 고분고분하게 굴지 않고, 자기 생각대로만 하려고 할 때, "제발 늘 반대만 하지 마라!"고 나무란다.

부모는 자녀가 자신들이 바라는 대로 하지 않고, 반대 주장을 하는 것을 성가시게 여긴다. 하지만 부모도 정확하게 알아야 한다. 어떤 문제에 대해서 늘 의문을 제기하면서 성장하는 것이 바람직하다는 사실을 말이다. 무조건 순종만 하는 사람은 끝내 자신의 의견을 세울 수 없다. "우리는 언제나 그렇게 해왔어!"라는 구호 아래서만 살아간다면 세상에 진보란 없을 것이다.

정치에서도 상황은 다르지 않다. 정치에서는 야당이 그 역할을 맡는다. 야당이란 정당정치에서 정부에 참여하지 않는 정당(non-government party)을 부르는 말로서 재야정당(在野政黨)을 줄인 말이다. 야당은 정부의 시책이나 여당의 정치 이념에 대해서 끊임없이 반론과 비판을 제기

야당과 달리 선거에서 승리해서 정권을 잡은 정당을 여당(與黨, government party)이라고 한다. 與는 '한패'라는 뜻으로서 여당은 정부의 입장을 옹호하거나 정부의 정책을 통해서 자신들의 정치 이념을 실현한다.

하고, 정부가 원하는 것과 정반대되는 의견을 제안하기도 한다. 이처럼 야당이 나서서 정부를 엄히 비판하고 나무라는 것은 좋은 일이다. 다수의 의견이라고 해서 반드시 올바른 것도 아니고, 때로는 다수라 할지라도 잘못을 저지를 수 있기 때문이다. 그리고 야당도 엄연히 수백만 명의 시민을 대변하는 정당이다.

중요한 것은 야당이 반대 주장을 펼침으로써, 정부와 여당이 어떤 결정을 내릴 때 한 번 더 심사숙고하게 된다는 점이다. 정부는 자신들이 하고 있고, 또 하려고 하는 일들을 국회에서 설명해야 하기 때문이다. 야당은 그 일의 배경과 목표에 대해 캐묻는다. 그리고 그러한 일들을 다른 방식으로 하면 훨씬 더 결과가 좋을 수도 있다는 사실을 입증하는 경우도 종종 있다. 그래서 때로는 야당의 반대 주장이 정부의 결정에 반영되기도 한다.

권력을 잡았다고 해서 자신들이 원하는 일을 모두다 할 수 있는 것도 아니고, 또 하라고 강요해서도 안 된다. 야당은 권력을 감시하고 비판해 견인하는 한 방법이기도 하다. 야당의 권리를 인정하지 않는 사람은 민주주의에 하직 인사를 하는 사람이다. 독재자들은 반대와 비판의 자유를 허용하지 않으려 한다. 그러나 민주주의는 비판과 토론, 논쟁을 통해 권력의 견제와 균형을 이룬다.

법원은 어떻게 구성되는가?

입법부는 법률을 제정하고 행정부는 그 법을 집행한다. 그리고 법을 집행하는 과정에서 발생하는 법률상의 분쟁이나 다툼을 심판하는 곳이 사법부이다. 우리나라에서는 헌법에 따라 사법권은 법원에 속한다.

법원은 최고법원인 대법원과 고등법원, 지방법원 등 세 등급으로 나뉜다. 그리고 지방법원의 관할 지역이 넓은 지역에는 지방법원의 지원이 설치되어 있다. 이 밖에도 그 분야의 업무를 전담하는 법원으로서 고등법원급인 특허법원, 지방법원급인 가정법원, 행정법원이 있다.

우리나라의 사법제도는 3심제를 기본으로 한다. 1심 재판에 불복한 피의자가 상급법원에 재판을 청구하는 것을 '항소'라고 하고, 2심에서도 불복할 경우 최고법원인 대법원에 재판을 청구하는 것을 '상고'라고 한다. 마찬가지로 검사도 재판에 불복해 상급법원에 재판을 청구할 수 있다. 그러나 대법원의 판결은 최종적이다.

법관이 되기 위해서는 변호사의 자격을 갖추어야 한다. 사법시험에 합격해서 2년간 사법연수원 교육을 마치면 변호사 자격이 주어진다.

앞으로는 법학대학원, 즉 로스쿨을 졸업하고 변호사 시험을 거쳐 변호사를 선발할 예정이다. 이들 변호사들이 판사나 검사를 지원하면 판사나 검사로 임용되는 것이다. 그러나 판사는 사법부인 법원에 속하고, 검사는 검찰, 즉 행정부에 속한다.

법관의 임명은 대법관회의의 동의를 얻어 대법원장이 한다. 변호사나 법학 교수 등과 같이 다른 사회 경력을 쌓은 사람들을 법관으로 임명하는 경우가 늘고 있지만, 여전히 대부분은 갓 연수원을 졸업한 사람들로 채워진다. 법관의 임기는 10년이지만 연임이 가능하다. 법관으로 임명되면 처음에는 지방법원급에서 가벼운 사건을 맡기 시작해 점차 중요 사건을 맡게 된다.

대법원은 대법원장을 포함해 14명의 대법관으로 구성된다. 대법원의 중요한 판결은 이들 대법관의 3분의 2 이상으로 구성되는 합의체에서 다수의 의견으로 결정된다. 대법원에서 최종적으로 내린 판결의 사례는 이후 비슷한 사건을 재판할 때 기준이 된다.

대법관은 대법원장의 추천으로 대통령이 임명하는데, 그 임기는 6년이고 연임도 가능하다. 그래서 새로 대법관을 임명할 때마다 정당과 시민 단체들은 늘 관심을 기울인다. 국가의 중요한 정책이나 법률 해석 등에 대한 판결에서 대법관들의 성향이 결정적인 영향을 미친다고 보기 때문이다.

누가 사법권의 독립을 침해하는가?

모든 국민은 법 앞에 평등하므로 법은 공정성을 생명으로 한다. 따라서 법관은 서로 이해와 주장이 다른 당사자들의 중간에 서서 공명정대하게 시비를 가려야 한다. 이는 국가와 개인 사이에 분쟁이 생겼을 때도 마찬가지이다.

헌법은 '법관은 헌법과 법률에 의하여 그 양심에 따라 독립하여 심판한다' 고 규정하고 있다. 어떠한 외부 압력에도 굴하지 않고 판결을 내릴 수 있어야 국민의 기본권을 보장할 수 있기 때문이다. 이를 위해 헌법은 법관이 감옥에 갈 정도로 큰 죄를 짓지 않는 한 그 자리를 유지할 수 있도록 신분을 보장하고 있다. 권력자의 눈 밖에 난 판결로 불이익을 당하지 않게 하기 위해서이다.

하지만 제도적으로 법원의 독립이 보장되고 있다고 해도 그것을 지키기 위해서는 법관 자신의 용기와 결단이 필요하다. 빠른 출세와 높은 봉급, 퇴직 후의 보장 등을 바라고 법관이 된 사람들이 독재 권력과 맞서는 것은 쉬운 일이 아니었다. 1공화국에서 3공화국까지는 주요 정치 사건 재판에서 그나마 몇몇 판사들이 권력에 맞서 올바른 판결을 내리며 사법부의 독립을 보여주기도 했다.

그러나 유신 시대에 이르러서는 그마저도 불가능하게 되었다. 유신 헌법은 아예 대법원장의 법관 임명권을 빼앗아 대법원장의 제청을 받아 대통령이 하도록 만들었다. 이를 계기로 정부에 영합하지 않는 판사는 거의 숙청을 당해야 했다. 유신 말기에 이르러 사법부는 완전히 제 기능을 잃었고, 1980년대 시국 사건을 다루는 법정에서는 판사와 재판에 대한 불신이 극에 달했다. 심지어 시국 사건 재판에 대한 지침을 정보기관이 내리다시피했다.

6공화국 들어서 처음으로 '사법 개혁'이 논의되기 시작했다. 그러나 권력에 영합한 판사들이 물러나지 않은 채 법원의 고위직을 맡고 있는 상황에서 사법 개혁은 제대로 이루어질 수 없었다. 노무현 정부에 들어서면서 부분적으로 과거 독재 정권 아래에서 저질러진 잘못된 판결에 대해 재심을 하기도 했다.

법관의 양성과 임용, 배심원 제도, 사법 서비스 개선 등과 같은 사법제도에도 변화가 생길 예정이다. 사법시험을 대체할 로스쿨이 설립될 예정이고, 배심원 재판제도가 시험적으로 도입되고 있다. 그러나 가장 중요한 것은 국민들의 목소리이다. 모든 권력은 국민으로부터 나온다. 사법부도 예외는 아니다.

법원은 왜 멀게만 느껴질까?

'재판소와 감옥은 안 가는 것이 상팔자' 라는 말이 있다. 물론 대부분의 사람은 평생 법원에 가보지 않고도 한 세상을 산다. 그러나 보통 사람이라도 때로는 법을 놓고 다툼을 벌여야 하는 경우가 생긴다.

법과 관계된 기관에서 일하는 사람들은 너무 권위적이고 관료적이다. 그리고 그들이 쓰는 말도 너무 어렵다. 그래서 민주주의 시대라고 하는 오늘날에도 법원은 서민들에게는 너무 거리가 멀다.

이러한 의식은 일제 식민지 시대의 법원에서 비롯되었다. 우리에게 법원은 처음부터 인권의 마지막 보루가 아니라 식민지 지배 정책에 방해되는 사람을 잡아 가두는 무서운 곳이었다. 그런데 해방된 뒤에도 일제의 사법제도의 전통과 법령은 그대로 이어졌다. 국민을 잠재적인 범죄 용의자로 보는 태도를 버리지 못한 채 국민 위에 군림하는 기관으로 자리잡았다. 미국이나 영국 등 수많은 나라가 채택하고 있는 배심원 제도, 일반 시민이 재판관으로 참여하는 유럽의 참심제 등은 거론

북한에도 우리의 법원에 해당하는 재판소가 있다. 북한의 재판은 보통 2심제로 되어 있다. 1심 재판부는 직업 판사 1명과 일반인인 인민참심원 2명으로 구성되어 있다. 2심 재판부는 직업 판사 3명으로 구성되어 있다.

조차 되지 않았다.

국민이 사법에 참여하는 것을 처음부터 배제한 채 소수의 사법시험 합격자가 법을 독점하는 일제의 제도는 그대로 유지되었다. 법관이나 검사로 임용되는 것은 빨리 출세하는 지름길이었다. 그러다가 변호사로 간판을 바꿔 달면 돈과 명예가 보장되었다. 변호사나 법학 교수 등과 같이 다른 사회적 경력을 쌓은 사람들은 법관 임용에서 배제되었다. 국가 권력기관으로서 사회의 다양한 목소리와 생각을 수용해 조직을 민주화하기보다는 관료주의적인 질서가 우선시되었다.

법률과 사법제도의 문제는 법률가가 아닌 일반인들이 참견하거나 비판할 수 없는 소수 법률가들의 영역으로 간주되었다. 그리고 이러한 제도가 마치 사법제도가 갖는 고유의 특성이기라도 한 양 여겨졌다.

사법부가 변화하지 못하고 있음을 보여주는 대표적인 예가 바로 법률 용어다. 지금도 법원의 판결문은 일반인들이 알아듣기 어려운 한자투성이의 식민지 시대의 용어 그대로이다. 고등교육을 받은 사람이라도 법률가가 아닐 경우에는 법률 용어를 이해하기 어렵다. 여기에 법원의 일반 직원들마저 관료적 권위주의에 빠져 있어 서민들에게 법원의 문턱은 터무니없이 높아 보인다.

지방자치단체가 하는 일은 무엇일까?

우리나라에서 태어난 사람은 만 17세가 되면, 살고 있는 지역의 시장이나 구청장, 군수로부터 처음으로 주민등록증을 발급받는다. 아버지나 어머니의 자동차에는 살고 있는 고장에서 발급한 표지판이 달려 있다. 그러나 여권은 시청, 구청 등에서 발급받지만 시장, 구청장이 아닌 외교통상부장관의 직인이 찍혀 있다.

집에서 식구들이 집안일을 나누어하듯이, 국가도 과제를 지방자치단체에 분배한다. 지방 주민의 의사에 따라 처리해야 하는 지역 발전, 주민의 복지와 이익을 증진하기 위한 업무는 지방자치단체가 맡는다. 지방자치단체에는 광역자치단체와 기초자치단체가 있다. 특별시와 6개 광역시, 그리고 9개 도 등 총 16개 광역자치단체와 특별시와 광역시 산하에 69개 구, 도 산하에 72개 시, 92개 군의 기초자치단체가 있다. 읍이나 면, 동은 자치권이 없다.

이 기초자치단체가 주택가의 도로를 건설하고, 상수도를 확보하며, 하수도를 관리한다. 또 도서관과 청소년센터를 짓고, 자치센터를 만들어 주민들이 각종 문화, 체육, 교양 교육 사업 등을 통해 주민의 편익을 증진하는 활동을 하기도 한다. 광역자치단체는 이들 기초자치단체들을 서로 통합해서 수행해야 할 사업을 한다. 시와 군을 잇는 도로를 건설하고, 상수원을 함께 개발하고, 쓰레기 매립장이나 하수처리장을 건설하기도 한다. 또 지역 단위의 경제개발 사업을 진행하기도 한다.

지방자치는 제헌 헌법에서부터 그 규정이 마련되어 있었다. 1공화국에서 부분적으로 실시되다가 2공화국에서 본격적으로 시도지사 선거를 시작했다. 그러나 1961년 박정희의 군사 쿠데타 이후 전면 중단되었다. 이후 군사정권 시기 동안 지방자치제는 실시되지 않았다. 1995년 들어 비로소 자치단체장과 지방의회 의원을 뽑는 동시선거가 실시되었다. 자치단체장이 책임을 지고 자치단체의 업무를 집행하는 기관이 바로 시청, 구청, 군청, 도청, 특별시청, 광역시청이다. 그리고 이들 자치단체의 업무를 감시할 주민 대표 기구로 지방의회가 있다.

지방자치제가 실시된 지 꽤 오랜 시간이 흘렀지만 여전히 주민자치라는 본래의 의미는 제대로 실현되지 않고 있다. 여전히 지역의 유력자들이 이권을 나눠 먹는 곳이라는 비판이 많다. 기본적으로는 주민들의 관심과 참여도가 떨어지기 때문이기도 하지만 정보 공개도 부족하다.

4장

권력분립

국가권력은 독점할 수 없는가?

권력을 입법, 사법, 행정이라는 삼권분립으로 명백히 규정한 사람은 프랑스의 계몽 사상가이자 정치 철학자인 몽테스키외다.

우리는 가장 중요한 두 국가기관을 국민의 직접선거를 통해 구성한다. 바로 대통령과 국회다. 대통령에게 정부를 구성해 통치할 권한을 주지만 그 권한은 국회가 만든 법에 따라야 하고, 감시와 비판을 받아야 한다는 뜻이다. 이를 통해 권력을 견제하고 균형을 이룬다. 바로 권력분립이다.

민주주의 국가의 정치제도는 권력의 분립주의를 원칙으로 한다. 국가의 그 누구 또는 기관도 통제받지 않고 단독으로 권력을 가져서는 안 되기 때문이다. 대부분의 민주주의 국가에서 권력은 세 가지로 분산된다. 입법부, 행정부, 사법부의 삼권분립이 바로 그것이다. 이 세 기관은 서로 감시하고 견제한다.

국회는 입법부이다. 법률을 만드는 곳이라는 뜻이다. 법률은 때로는 국민의 기본권을 제한하거나 규제한다. 누군가의 자유와 권리가 때로는 다른 사람의 자유와 권리를 빼앗기 때문에 국민 전체의 이익이 되도록 자유와 권리를 제한하는 것이다. 따라서 모든 법률은 국민의 대표 기관인 국회에서 만든다. 국민이 스스로 자신들을 통치할 법률을 제정한다는 의미이다.

그리고 이 법률을 집행하는 곳이 행정부다. 행정부는 대통령을 수반으로 하여 각 부처와 여러 관청으로 이루어진다. 행정부는 법률을 집행만 하는 것이 아니라 법률을 만들 때에도 중요한 발언권을 갖는다. 국회가 새 법률에 집어넣으려고 하는 내용이 실천할 수 있고, 또 의미 있는 것인지에 대해 의견을 제출해 국회와 상임위원회의 업무를 돕는다. 또한 국회에 독자적으로 새로운 법률안을 제안할 수도 있다.

사법부는 법률을 집행할 때 분쟁이 생기면 옳고 그름을 판정하는 기관이다. 또한 법을 어긴 사람을 어떻게 처벌해야 하는가에 대해서도 결정을 내린다. 정부나 국가기관과 개인 사이에 분쟁이 생겼을 때에도 마찬가지이다. 국민은 부당한 대우를 받았거나 어떤 법률 때문에 불이익을 당했을 때 법원에 도움을 요청할 수 있다.

사법부는 법관들로 구성되며, 법에 따라 신분이 보장된다. 사법부의 수장인 대법원장은 선거로 뽑지 않는다. 어떤 정당에도 속하지 않고 중립적이어야 하기 때문이다. 대통령이 지명한 사람을 국회가 동의해서 결정한다.

# 법률은 어떻게 만들어질까?

법률은 공동생활의 규칙만을 규정하는 것이 아니다. 때로 법률
은 정부의 각 부처가 정책의 중점을 어디에 두고 있는가를 반
영하기도 한다. 또 각 정당의 입장과 정책을 드러내기도 한다.

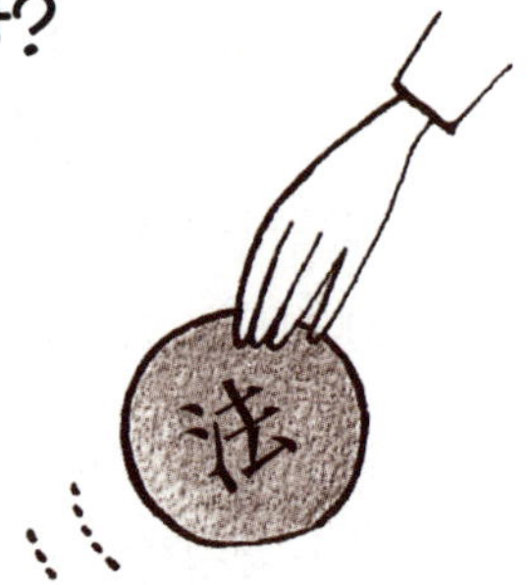

복지를 담당하는 부처에서 낮은 출산율을 높이기 위해서 둘째 자녀
부터 수당을 지급하는 방안을 추진하기로 했다고 가정해보자. 먼저
다른 관계 부처와 미리 협의를 해야 한다. 복지와 여성 업무를 담당하
는 부처는 당연히 찬성이다. 경제 부처에서도 소비가 늘어 경기를 부
양할 수 있기 때문에 딱히 반대할 이유는 없다. 예산을 다루는 부처와
협의해서 예산 문제 때문에 점차 대상을 늘려 나가기로 한다. 그리고
이러한 법안의 취지와 내용을 국민들에게 공고해 의견을 수렴한다.
또 여당과 당정 협의를 해서 국회의 의사도 파악한다. 이런 절차를 거
쳐서 마련된 법률안은 국무회의에 상정된다. 국무회의의 의결을 거쳐
서야 비로소 법안은 국회에 제출된다.

의원이 발의하는 법안도 까다로운 절차를 거쳐 만들어진다. 입법을

위한 여러 조사 과정을 거치고, 공청회 등을 열어서 의견을 수렴한 뒤 법률안의 초안이 만들어진다. 이 초안은 다시 국회의 법제 실무자 등에게 넘겨 다른 법과의 충돌은 없는지 등에 대해 검토를 해서 예산안이 필요한 경우에는 액수 등을 계산한 검토서와 함께 국회에 제출한다.

이렇게 국회로 넘어온 법안은 해당 상임위원회에 넘겨 상세한 심사를 거친다. 그 법안과 관련이 있는 다른 상임위원회에서도 검토를 한다. 자녀 수당에 관한 법안은 보건복지위원회로 넘긴다. 많은 예산이 필요하므로 예산결산특별위원회는 그 돈을 지원할 수 있는지 점검한다. 여성가족위원회도 그 정도의 자녀 수당으로 출산율을 높이는 것이 가능할지 심사숙고한다. 제안자를 불러다가 설명을 듣기도 하고, 다른 전문가나 정부 담당자의 의견을 묻기도 한다. 토론 과정에서 야당과 전문가들의 의견을 받아들여 일부 조항을 고칠 수도 있다.

이런 과정을 거쳐 상임위원회에서 의결된 법안은 법률을 전문으로 다루는 법사위원회에서 다시 한 번 검토를 해서 본회의에 회부한다. 본회의에서 찬반 토론을 거쳐 통과된 법률안이 비로소 정부로 보내진다.

대통령이 법률안에 대해 거부권을 행사하면?

국회가 제정한 법률이라도 행정부의 수반인 대통령은 거부권을 행사할 수 있다. 물론 대통령의 거부권이 행사되는 경우는 아주 드물다.

대통령이 법률안에 대해 거부권을 행사해도 국회는 다시 그 법안을 의결할 수 있다. 그때는 절반 이상이 참석해서 3분의 2 이상이 찬성해야 한다. 다시 의결이 되면 대통령은 즉각 이 법률을 공포해야 한다.

국회의 의결을 거쳐 정부로 넘어온 법률안은 특별한 사유가 없는 한 15일 이내에 공포된다. 만일 이의가 있을 때는 15일 이내에 국회로 돌려보내 재의결을 요구한다. 의회와 정부의 권력분립이 엄격한 미국식 대통령제에서도 대통령의 의회에 대한 최소한의 견제 장치로서 법률안 거부권은 인정된다. 정부로서도 다수의 횡포를 막을 수 있는 최소한의 견제 장치는 필요하기 때문이다.

헌법에는 어떤 경우에 거부권을 행사할 수 있는지에 대한 규정이 없다. 대개는 그 법률안이 집행이 불가능한 것이거나 국가 이익에 반대될 경우, 정부에 부당한 정치적 압력을 가하는 내용일 경우, 법률안이 헌법에 위배되는 경우 등에 한정되어야 한다는 의견이 많다.

실제 1공화국부터 노무현 정부까지 거부권이 67건 행사되었고, 재의결된 것이 23건이다. 이중 많은 수가 건국 초기 국회와 행정부의 역할에 대한 분명한 인식이 없던 1공화국 초기에 이루어졌다. 여기에는 국회를 무시하고 '국부'로 군림하고자 했던 이승만의 영향이 컸다. 이때에는 거부권이 행사된 많은 법안이 국회의 재의결로 확정되기도 했다.

이후 박정희 시대와 5공화국에서는 국회가 거의 대통령의 뜻에 따라 움직였기 때문에 대통령이 국회의 법률안에 대해서 거부권을 행사할 일이 없었다. 6공화국의 노태우 대통령이 들어서면서 여소야대 국회가 만들어져 거부권이 행사된 사례가 있으나 재의결은 추진되지 않았다.

그런데 노무현 정부 들어 국회가 의결한 법률안에 대해 두 번 거부권을 행사했다. 그중 한 건이 대통령 측근들의 비리를 조사하기 위한 특별검사제 도입이었다. 그러나 특별검사가 대통령 측근들의 비리 사건을 조사했으나 검찰의 수사보다 더 밝혀진 것은 없었다. 이는 오히려 다음 선거에서 특별검사제 법안을 만들었던 야당이 참패하는 결과가 되고 말았다.

국회는 어떻게 정부를 견제할까?

의원내각제 정부에서는 가끔 의회의 불신임 투표로 수상과 내각이 물러나는 경우가 있다. 그러면 총선거를 실시해서 새로운 내각을 구성한다. 대통령 중심제에서는 의회의 탄핵으로 대통령이 물러나는 경우는 거의 없다.

2002년에 이루어진 노무현 대통령에 대한 국회의 탄핵은 헌법이 제정된 이래 최초였다. 1997년에도 대법원장에 대한 탄핵 논의가 있었지만 당시 대법원장은 스스로 물러났기 때문에 실제 탄핵까지 이르지 않았다. 대표적인 대통령중심제 국가인 미국에서는 의회에서 대통령에 대한 탄핵안이 실제로 가결된 경우가 두 번 있었다. 그러나 두 번 모두 상원에서 부결되었다. 유명한 '워터게이트' 사건으로 물러난 닉슨의 경우에는 탄핵안이 가결될 것으로 예상되자 스스로 물러났다.

워터게이트 사건이란 1972년, 워싱턴의 워터게이트 빌딩 민주당 본부에 닉슨 대통령의 측근들이 도청 장치를 설치하려고 했던 사건이다.

국회의 탄핵권이 헌법으로 보장되어 있지만 실제 탄핵이 이루어지기는 쉽지 않다. 전체 의원의 3분의 2 이상이 찬성해야 하기 때문이다. 국가원수의 자리는 한시도 비워둘 수 없기 때문에 그 조건을 엄격

노무현 대통령 탄핵 결의안 가결을 앞두고 국회의원들이 뒤엉켜있다.

하게 하고 있는 것이다. 그리고 탄핵안이 국회를 통과해도 헌법재판소의 심판을 거쳐야 한다. 입법부인 국회와 대통령이라는 두 헌법기관이 분쟁을 일으킨 것이기 때문에 최종적인 판단은 헌법재판소가 내리는 것이다.

노무현 대통령에 대한 탄핵이 국회에서 통과될 수 있었던 데는 당시의 국회 상황이 특수했기 때문이다. 대통령이 자신이 속한 정당을 탈당해서 3분의 1 이하의 소수파 정당에 속했던 것이다. 그러나 헌법재판소는 노무현 대통령에 대한 탄핵 사유가 대통령을 그만두게 할 만큼 중대하지 않다고 판단해서 부결했다.

탄핵이 어려운 대신 국회는 대통령이 아닌 국무총리나 국무위원에 대해서 해임 건의를 할 수 있다. 이때는 전체 의원의 절반 이상이 찬성하면 된다. 장관에 대한 해임 건의가 통과된 경우는 세 차례 있다. 두 차례는 박정희 정권에서 이루어졌는데, 이때는 공화당 내부에서

당론과 다르게 찬성표가 나왔기 때문이었다. 한 번은 노무현 대통령
이 속한 정당이 국회의 소수파인 상황에서 이루어졌다.

해임 건의안은 말 그대로 국회가 해임을 대통령에게 건의하는 것이
다. 이를 받아들여야 할지 아닐지는 대통령의 몫이다. 그러나 국회의
해임 건의를 대통령이 무시해서는 순조롭게 정책을 펼쳐나가기가 쉽
지 않다. 따라서 대개는 장관 스스로 대통령에게 부담을 주지 않기 위
해서 먼저 물러난다.

헌법재판소는 무슨 일을 할까?

많은 사람들이 2004년 대통령 탄핵 재판 전까지는 헌법재판소에 대해 잘 알지 못했다. 그런데 국회에서 탄핵안이 가결되자, 헌법재판소와 재판관들은 한국 정치에서 아주 중요한 존재로 부각되었다.

　헌법재판소는 헌법의 해석과 관련되는 재판을 하는 독립된 헌법기관이다. 헌법재판소는 국가기관 사이에 분쟁이 발생했을 때 이를 심판한다. 또한 국가기관과 지방자치단체 간 및 지방자치단체 간에 권한과 의무에 관한 분쟁이 있을 경우에도 이를 조정하고 심판한다.

　탄핵은 국가기관 사이에 벌어지는 분쟁의 대표적인 사례라고 할 수 있다. 대통령이나 고위 공무원에 대한 탄핵권은 국회의 고유 권한이지만, 국회의 탄핵 결의로 바로 물러나는 것은 아니다. 거기에도 오류는 있을 수 있기 때문이다.

　또한 헌법재판소는 국가기관의 공권력이나 국회가 제정한 법률이 헌법에 위배되었는지에 대해 심판권이 있다. 국민은 누구든지 국가 공권력에 의해 기본권을 침해당했을 경우, 또는 어떠한 법률이 헌법에 위반되었다고 판단될 경우에는 헌법소원을 낼 수 있다. 그 한 사례로 경찰서 유치장 화장실에 칸막이가 낮아 용변을 보는 데 수치심을 느꼈다는 헌법소원이 제기된 적이 있다. 이에 대해 헌법재판소는 유치장에 갇힌 사람이 수치심을 느낄 수 있는 칸막이가 낮은 유치장 내 화장실만 사용하게 한 것은 인격권을 침해한 것이라고 판결을 내렸다. 경찰서 유치장에 갇힌 사람이라 할지라도 경찰의 편의를 위해 수치심을 강요받아서는 안 되는 것이다.

헌법재판소는 재판관 9명으로 구성되는데, 3명은 대통령이, 3명은 국회에서, 그리고 3명은 대법원장이 지명한다. 공직자의 탄핵 심판이나 어떤 법률이 헌법에 위배되는지 등에 대한 결정이 이루어지기 위해서는 6명 이상이 찬성해야 한다.

헌법재판소는 그동안 독재 정부의 일방적 독주나 관료적 편의주의로 무시되던 여러 가지 인권 문제 등을 바로잡는 데 중요한 역할을 하기도 했다. 그러나 정작 국가보안법과 같이 국제적으로 지탄을 받는 반인권적 법률에 대해서는 보수적인 태도를 보임으로써 한계를 드러내곤 했다. 그런데 노무현 정부에 들어서서 대통령 탄핵 재판을 맡았고, 국회가 여야 합의로 제정한 '신행정수도 특별조치법'을 위헌으로 판결하면서 주목을 받았다. 대한민국의 수도가 서울이라는 사실은 헌법에 명문화하지는 않았지만 사람들이 오랫동안 관습적으로 인정해온 것이기 때문에 헌법과 거의 동일한 효력을 갖는다는 이유였다. 이 판결은 법률로 명시된 조항만을 인정하는 성문법 체계 국가에서

2004년 10월 헌법재판소는 '신행정수도 특별조치법'을 위헌으로 판결해 주목을 받았다.

법조항에 없는 관습을 법률로 인정하는 모순을 범함으로써 큰 논란
을 일으켰다.

성공한 쿠데타는 처벌할 수 없을까?

쿠데타(Coup d' Etat)란 프랑스어로 '정권에 대한 공격' 이라는 뜻이다. 즉 무력으로 정권을 빼앗는 것을 말한다.

혁명이 억압받는 계급이 지배계급에 대항하는 반란인데 비해 쿠데타는 지배계급의 일부가 자기 권력을 더 강화하기 위해, 또는 정권을 빼앗기 위해 일으키는 군사 반란을 말한다. 대한민국의 현대사에서는 1961년에 박정희, 그리고 1979년에 전두환이 쿠데타로 정권을 잡았다. 전두환, 노태우 등 쿠데타 세력에 대한 처벌 요구는 1987년 6월 민주화운동 이후 꾸준히 제기되어왔다. 그런데 검찰은 1995년 5 · 18광주민주화운동 단체 등이 전두환, 노태우 등 58명에 대해서 군사 반란 등의 혐의로 고발한 사건에 대해 '성공한 쿠데타는 처벌할 수 없다' 는 이유를 들어 죄를 묻지 않았다. 쿠데타가 헌법과 민주주의를 유린한 불법 행위이긴 하지만 결과적으로 반란에 성공한 세력이 선거를 거쳐 합법적인 정부를 만들었으므로 처벌할 수 없다는 것이었다. 사람들은 분노하고 허탈해했다. 그런데 그해 연말 전두환과 노태우가 거액의 비밀 자금을 숨겨 놓은 것이 드러나면서 상황은 다시 바뀌었다. 전두환과 노태우는 구속되었고, 이들의 군사 쿠데타 범죄에 대해서도 처벌해야 한다는 국민들의 목소리가 높아졌다. 이에 따라 1996년 국회에서 '5·18특별법'이 만들어졌다. 특별법에 따라 대법원은 전두환, 노태우 등에게 1979년 12월 12일의 군사 반란과 1980년 5월 18일의 내란 및 집단 학살 범죄 등에 대해 유죄를 선고했다. 전두환에게는 무기징역, 노태우에게는 징역 17년이 선고되었다. 이 재판은 비록 성공한 쿠데타라 할지라도 끝내는 처벌을 받는다는 사실을 분명히 했다는 점에서 큰 의의가 있다. 이는 정부 수립 후 특별법을 제정해 추진한 일제 치하 반민족 행위자 처벌이 이승만 정권의 거부로 끝내 실패로 끝나고, 4·19혁명 이후

1979년 10월 26일 독재자 박정희가 암살됨으로써 유신 시대는 끝이 났다. 그러나 그해 12월 12일, 보안사령관 전두환과 제9사단장 노태우 등 '하나회'를 중심으로 한 신군부 세력은 군사 반란을 일으켰다. 전두환 등이 '구국의 결단'으로 미화한 군사반란은 김영삼 정부 출범 이후 군사 쿠데타로 규정되어 심판을 받았다.

5·18특별법에 따라 유죄 선고를 받은 전두환과 노태우.

이루어진 3 · 15 부정선거 및 반민주 행위자 처벌이 형식적으로만 진행된 데 비해서 한층 진전된 것이었다.그러나 분명한 역사의식 없이 이루어진 이 재판은 또한 많은 문제를 과제로 남겼다. 4 · 19혁명으로 수립된 민주 정권을 무너뜨린 박정희 쿠데타에 대해서 평가가 이루어지지 않음으로써 역사를 바로세우는 데까지 이를 수 없었다. 그래서 현재도 이 사회에서 쿠데타에 가담하고 그들에게 협조한 사람들의 목소리는 당당하다. 따라서 오랜 군사 정권 아래에서 온갖 불법적인 방법으로 저지른 문제들이 해결되지 않은 채 현재까지 남겨져 있다.

 # 왜 언론을 제4의 권력이라고 할까?

우리는 언론 매체를 통해서 세상에서 무슨 일이 일어나고 있는지 알 수 있다. 신문, 잡지, 라디오, 텔레비전과 인터넷이 매순간 우리에게 수많은 정보를 실어 나른다.

정당이나 정부 부처들이 하려고 하는 일들이 너무 많아서 때로는 무질서해 보이기도 한다. 언론은 이러한 정치적인 계획이 국민들에게 어떤 의미를 갖는가에 대해서 설명하고 비판하는 일을 한다. 또한 언론은 부정한 일들을 폭로한다. 국회의원이나 장관 또는 공무원이 자신들의 지위를 이용해 어떤 회사에 이익을 제공하고 돈을 받았다거나 하는 사실을 보도한다.

이를 위해 언론 매체들은 언론의 자유라는 특권을 누린다. 누군가는 늘 정치인들과 정부기관을 감시해야 하기 때문이다. 그렇기 때문에 언론을 입법부, 행정부, 사법부에 이은 '제4의 권력'이라고 부르기도 한다. 그러한 권한은 언론의 자유라는 이름으로 헌법에 보장되어 있다.

군사정권 아래서는 모든 언론 매체가 정보기관의 검열을 받아야 했다. 우리 사회가 민주화되고 정치권력이 언론을 통제하지 않게 되면서 언론의 자유는 획기적으로 진전되었다. 그러나 여전히 언론은 각종 압력에 시달린다. 정치인들은 끊임없이 기자들에게 영향력을 미치고 싶어한다. 또한 기업들도 불리한 기사가 실리는 것을 막기 위해 압력을 넣는다. 특히 대재벌과 관련한 문제는 몇몇 언론사에게는 성역과 같다. 신문과 상업방송이 주로 대기업의 광고 수입으로 유지되기 때문에 재벌 기업은 이 점을 철저히 이용한다. 자신들에게 불리한 보도를 하는 언론기관에 대해서는 광고를 중단한다든지 하는 방법으로 압력을 행사한다.

그리고 무엇보다 현재 언론의 자유를 위협하는 요소는 언론사도 결국 이익을 추구하는 하나의 기업이라는 데서 비롯된다. 특히 거대 언론사의 소유주들은 자신의 경제적, 정치적 목표를 이루기 위해 언론을 개인적인 목적에 이용하고 싶어한다. 그래서 대기업과 같은 특정 경제 세력과 연계되기도 하고, 심지어는 특정한 정치세력과 유착해 노골적으로 이들을 편들기도 한다.

하지만 언론사 소유주의 횡포에 저항하는 기자들의 힘은 갈수록 약해지고 있다. 언론사의 소유와 경영이 분리되어 있지 않은 상황에서 기자도 결국은 기업에 속해 있기 때문이다. 이런 상황에서 정보 통신 기술의 발달로 더욱 사람들의 생활과 밀접해지고 있는 인터넷 환경은 언론의 자유를 확대하는 중요한 통로가 되고 있다. 인터넷에서는 많은 시민들이 단지 독자에 머물지 않고 직접 기사를 쓴다. 그러나 때로는

시민이 직접 기사를 쓰는 인터넷 신문 〈오마이뉴스〉.

누가 기사를 썼는지 알 수 없거나, 기사에 실린 내용이 정확한지 확인하기 어려운 경우도 많다.

언론 자유의 한계는 어디까지인가?

언론의 자유는 충분히 확대되어야 한다. 하지만 언론의 잘못된 보도로 개인의 사생활 또는 명예, 인격이 침해받아서는 안 된다. 따라서 범죄 사실이 명백히 확정되지 않은 상태에서 개인의 실명이나 사진을 언론에 실어서는 안 된다.

모든 사람들의 입에 오르내리는 정치인이나 고위 공무원, 연예인과 같은 공적인 인물들은 어느 정도 자신들에 대한 기사가 보도되는 것을 감수해야 한다. 이러한 공인들의 사회적 책임이 막중하기 때문이다. 하지만 사실이 아니거나 명예를 훼손하는 보도에 대해서는 언론사에 정정 보도를 요구할 수 있다.

대통령이나 정부 부처도 잘못된 보도에 대해서 반론이나 정정 보도를 요구할 수 있다. 그러나 그것은 명백히 사실을 왜곡한 보도에 한해서다. 그렇다고 해서 정부가 언론의 보도 태도, 즉 논조를 규제할 수는 없다. 기준을 정하기도 어렵거니와 자칫 언론의 비판 기능 자체를 억압할 수도 있기 때문이다.

전두환 정권 때는 언론사를 통제하기 위해서 문화공보부에서 각 언론사에 '보도지침'을 통보했다. 보도지침은 정권 안보를 위해 언론사에 은밀하게 시달했으며, 뉴스의 보도 내용과 형식까지 모두 통제했다.

언론에서 보도한 내용이 잘못되었을 때는 언론사에 잘못된 내용을 바로잡아 보도해줄 것을 요구할 수 있다. 때로는 손해배상을 청구할 수도 있다. 이러한 업무를 전문으로 담당하는 기관으로 언론중재위원회가 있다. 이 기관은 언론 보도 때문에 피해를 입은 사람이 쉽고 간편하게 피해 구제를 요청하는 기관이다. 물론 이와 별도로 법원에 재판을 청구하는 것도 가능하다.

물론 거대한 언론사를 상대로 일반 시민이 싸우는 것은 쉽지 않다. 하지만 최근 들어 언론이 잘못 보도한 것을 바로잡아 줄 것을 요구해 승리하는 사례가 늘어나고 있다. 그러나 언론이 잘못 보도해 실추된 명예나 손해는 손해배상이 이루어진다고 해서 만회하기 어렵다. 그래서 언론사와 언론 종사자들의 윤리 규칙이 확립되어야 한다.

또 언론의 편파성 문제가 있을 수 있다. 정치나 경제, 사회 문제들에 대해 언론이 특정한 집단의 이익이나 특정한 정치 세력의 입장만을 옹호하는 것이다. 그러나 이러한 언론의 보도 태도를 제도로 규제할 수 있는 방법은 없다. 이러한 언론의 보도 태도를 규제하고 감시하는 것은 결국 언론의 소비자, 곧 시민들의 몫이다. 언론이 특정한 세력의 이익이나 견해만을 대변함으로써 올바른 여론 형성을 왜곡하고 있는 것은 아닌지 감시하고 비판하는 시민 단체도 많다. 이러한 단체에 활발하게 참여함으로써 언론을 감시하고 비판하는 것도 시민이 스스로 언론의 자유를 지키는 중요한 방법이다.

민주주의 국가에서 법에 저항할 수 있을까?

민주국가는 권력자의 자의에 따라 지배되는 국가가 아닌 법치주의, 즉 국민의 대의기관인 의회가 국민의 의견을 수렴해 제정한 법으로 지배되는 국가이다.

국민은 다양한 권력 견제 기구들을 통해 법의 제정과 집행 과정에 의견을 반영할 수 있고, 그러한 권리는 헌법으로 보장된다. 이처럼 국민의 의견이 정치에 잘 반영되는 정상적인 민주국가에서는 국민이 법에 저항하는 경우가 거의 없다. 그러나 민주국가에서 합법적으로 이루어진 정치행위라 하더라도 도저히 정당성을 인정하기 어려운 악법이나 폭정의 사례는 아주 많다. 국민의 의사에 반하는 악법이나 폭정에 대하여 국민이 항의를 하고 청원을 해서 시정된다면 그것은 정상적인 민주국가라고 할 수 있다.

하지만 항의를 하고 시위를 벌여도 아무 소용이 없거나, 또는 아예 항의하고 저항할 권리나 수단조차 막아버린 상황에서는 위법적인 저항이 정당성을 갖는다. 예컨대 독일의 나치 정권이나 유신헌법도 겉으로는 국민투표나 체육관 선거, 의회의 표결이라는 합법적인 절차를 거쳤다. 하지만 합법이라는 틀을 갖췄다고 해서 국민의 생명과 인권을 유린하고 기본권을 철저히 억압하는 이러한 정치 체제가 정당화될 수는 없다. 이러한 체제 아래에서는 법을 지키면서 저항을 한다는 것이 불가능했다. 권력자들은 자신들에게 유리한 법률을 만들어 행동을 정당화했고, 정상적인 정치 활동에도 불법이라는 딱지를 붙일 수 있었다. 특정한 정치이념만을 강요하고 그 이외의 주장에 대해서는 원천적으로 불법화할 수도 있었다. 그래서 유신 체제나 5공화국 아래에서 민주화를 위해 법을 어기는 일도 해야만 했다. 4·19혁명도 당시의 법률이 허용하는 테두리 안에서 소극적으로 항의하는 데 그쳤다면 불가능했을 것이다.

이러한 역사는 권력자의 전횡에 맞서 저항할 수 있는 권리야말로 주권자인 국민에게 부여된 천부적 권리임을 말해준다. 불의와 억압에 맞서 투쟁하지 않는다면 민주주의는 성립하지도, 유지해나갈 수도, 또 앞으로 발전할 수도 없을 것이기 때문이다. 즉 권력자가 국민의 의사와 명백히 다른 정치 행위를 자행할 때, 주권을 가진 국민이 이를 통제하기 위한 권리가 바로 저항권이라 할 수 있다. 따라서 저항권은 시대와 공간을 초월해 존재하는 자연법이라고 할 수 있다.

헌법에 저항권을 명백히 규정해두고 있는 대표적인 나라는 독일이다. 인종 대학살의 국가 범죄를 경험한 독일의 헌법은 나치 등과 같이 자유민주주의 질서를 위협하는 권력에 대해 국민이 저항할 수 있는 권리가 명시되어 있다. 반면에 우리의 헌법은 저항권을 직접 명시하고 있지는 않다. 하지만 헌법 전문의 '불의에 항거한 4 · 19민주이념을 계승하고'라는 문구가 곧 저항권의 규정을 대신할 수 있다는 견해도 있다. 물론 국민들이 일상적으로 저항을 한다면 국가가 혼란에 빠지고 말 것이라는 우려를 할 수도 있다. 그러나 국민의 저항을 무조건 억압했을 때 국가가 더 암울한 상황에 빠졌던 역사를 떠올려야 한다. 오히려 저항을 금지하기보다는 저항이 합법으로 이루어지도록, 즉 민주적인 정치제도를 통해 정상적인 정치활동으로 수렴되도록 하는 것이 민주주의이다.

국민도 국가에 책임을 물을 수 있을까?

국가가 국민을 위해 있는 것이지 국가를 위해 국민이 있는 것이 아니다. 일제의 군국주의 교육을 이어받은 오랜 군사독재 체제의 영향으로 우리는 이 점을 늘 간과한다.

행정 당국의 잘못으로 국민이 피해를 입었을 경우, 국가는 이에 대해 책임을 져야 한다. 이것을 국가배상이라고 한다. 서울 서초구에 사는 한 시민이 장마철에 물에 잠긴 도로를 건너다 감전 사고를 당했다. 침수된 가로등 전선줄에서 누전이 된 것이다. 이 사람은 서울시와 서초구를 상대로 국가배상을 청구해 승소했다. 재판부는 서울시와 서초구가 도로가 침수되었는데도 통행을 제한하거나 전기를 끊는 등 안전 조치를 소홀히 했다고 판결했다. 낯선 사람만 보면 달려드는 개를 묶어두지 않아서 생긴 피해를 개 주인이 책임져야 하듯이 국가에도 똑같은 기준이 적용된다.

공무원이 불법 행위를 해서 피해를 입혔을 경우에도 공무원이 아닌 국가가 책임을 져야 한다. 1986년에 일어난 경찰에 의한 박종철 군 고문 사망 사건에서도 유가족들은 국가배상을 청구해서 승리했다. 몇몇 공무원의 불법 행위라 할지라도 공무를 수행하다 발생한 일이니만큼 국가가 먼저 배상을 할 책임이 있다. 국가는 먼저 유가족에게 배상을 하고 불법 행위를 저지른 경찰관에게 그 금액만큼의 손해배상을 청구할 권리가 있다.

또한 아무 죄도 없는 사람이 범죄자로 오인되어 구금되었다가 무죄로 석방되었을 경우에도 국가가 책임져야 한다. 이때는 배상이 아니라 보상이라고 한다. 배상은 배상 의무자인 국가가 법률을 어긴 책임이 있는 경우에 쓰는 말이고, 보상은 국가가 법률을 어긴 것은 아니지만 국민에게 손해를 끼쳤으므로 보상의 의무가 있는 경우를 말한다.

이 밖에도 어떤 사람이 범죄를 저질러 무고한 시민이 피해를 입은 경우에 대해서도 국가는 부분적으로 책임을 져야 한다. 국가는 범죄를 사전에 예방할 책임이 있기 때문이다. 예를 들어, 여성들을 잇달아 살해한 사건의 피해자 유가족들에게 구조금이 지급된 적이 있다. 그러나 범죄 피해자 구조금은 액수가 너무 적어서 법을 바꿔야 한다는 요구가 많다.

정치 노선

자본주의, 사회주의에서 '주의'는 무슨 뜻인가?

"이런 사회주의자!" "자본가의 노예 같으니!" 논쟁을 좋아하는 어른들은 가끔 이런 말들까지 들먹이며 얼굴을 붉히기도 한다. 서로 정치적인 의견이 다르다는 것을 확인했다는 의미다.

'주의'가 들어가는 말의 개념에는 늘 어떤 이론이 자리하고 있다. 즉 그 이론을 통해서만 세상이 설명될 수 있다거나 미래의 세상에 대한 구상이나 전망을 세울 수 있다고 여기는 것이다. 이러한 말이 정치에서 사용될 때는 결국 국가가 지향해야 할 목표나 질서를 의미하게 된다. 또한 각각의 이론들은 인간과 세상을 보는 시각이 서로 다르다.

자본주의는 18세기 산업혁명 이후의 세계를 설명하는 하나의 이론이다. 자본주의 세계에는 크게 보아 두 부류의 사람이 있다. 생산수단을 소유한 자본가들과 노동력을 팔아서 생계를 유지하는 노동자들이다. 공장과 기계는 생산수단이다. 토지도 생산수단인데, 곡식을 재배하거나 가축을 기를 수 있고, 금속, 석유, 석탄과 같은 지하자원이 매장되어 있기 때문이다. 자본가들은 노동자를 고용해 상품을 생산하고 그 대가로 임금을 지불한다. 자본가는 생산된 제품을 판매해서 벌어들인 돈으로 노동자들에게 임금도 지불하지만, 가능하면 더 많은 돈을 남기고 싶어한다. 즉 잉여가치를 얻으려고 한다. 그래서 사람들은 종종 더 많은 돈을 벌기 위해 다른 사람들을 더 많이 일하게 하고, 그에 필요한 까다로운 조건들을 강요하는 사람을 자본가라고 욕하기도 한다.

자유주의는 산업혁명과 더불어 새로이 힘을 갖게 된 자본가, 상인, 수공업자, 예술가, 학자들의 생각과 주장이 결집된 것이다. 그들은 모든 인간은 평등하며, 그렇기 때문에 동등한 권리를 가진다고 강조했다. 따라서 국왕이나 국가의 간섭을 받지 않고 누구나 자유롭게 경제 활동을 할 수 있어야 하고, 정치에 참여할 수 있어야 한다고 주장했다. 이렇게 해서 만들어진 것이 절대왕정을 대체한 서구의 자유민주주의 국가였다.

사회주의는 생산수단을 소유했다고 해서 다른 사람보다 더 많은 이익을 얻어서는 안 된다는 전제에서 출발한다. 즉 어떤 사람이 가진 생산수단도 결국은 사회 구성원이 다 함께 만들어낸 것이므로 모든 사람이 동등하게 지분을 가져야 한다는 것이다. 그래서 사회주의자들은 생산수단을 사회화하려고 한다. 이러한 가치관은 초기 기독교에서도 보일 정도로 그 뿌리가 깊다. 강자와 약자, 건강한 사람과 장애가 있는 사람, 젊은 사람과 늙은 사람 모두가 고루 잘살아야 한다는 것이다. 오늘날 사회주의자들은 조금 더 물러서서 개인의 소유라 할지라도 경제의 중요한 분야에서는 사회가 발언권을 가져야 한다고 주장한다.

한미FTA 협상 대표들이 대화를 하고 있다. 신자유주의는 한 국가를 넘어서는 자유로운 기업 활동을 핵심으로 한다.

공산주의의 시각에서는 그것만으로 충분하지 않다고 본다. 그들에게 사회주의란 모든 것을 모두 함께 소유하는 사회로 가기 위한 사전 단계에 불과하다. 공산주의자들은 모든 인간은 동등하기 때문에 공동으로 이익을 추구하고 분배해야 한다고 믿는다. 옛 소련, 동유럽, 중국, 북한 등은 이러한 이상을 실현하려고 했지만 쓰라린 실패로 끝났다.

오늘날에는 전 세계적으로 신자유주의가 주요한 화두로 등장했다. 신자유주의자들은 기업가들이 경제활동을 자유롭게 할 수 있도록 세금을 대폭 내리고 모든 규제를 풀어야 한다고 주장한다. 또한 정치적으로도 국가의 역할을 최소화하고 많은 것들을 시장의 원리에 맡겨야 한다고 주장한다. 그들은 노동자의 고용 안정을 위한 제도와 법률, 열악한 산업을 보호하기 위한 무역 규제와 보조금, 국가가 지불하는 사회보장비, 중소기업과 서민 보

신자유주의는 사회주의에 대항해 이상주의적 개인주의를 기조로 자본주의의 자유 기업의 전통을 고수한다.

호를 위한 대기업 규제 등과 같은 것들을 완화할 것을 요구한다. 시장 경쟁의 원리에 맡김으로써 더 잘 해결할 수 있다는 것이다.

더 나아가 신자유주의자들은 이러한 자유를 전 세계로 확대하고 싶어한다. 기업의 활동이 한 국가에 머물지 않기 때문에 외국에서도 기업 활동을 자유롭게 하는 것이 모든 나라에게 이익이라는 것이다. 그래서 신자유주의는 세계화와 연결된다. 하지만 신자유주의적 세계화가 결국 선진국과 나머지 국가들 사이의 불평등을 더욱 심화시킨다는 목소리도 높다.

자유주의와 민주주의란 무엇일까?

자유주의와 민주주의는 모두 18세기 유럽에서 발달한 이념이
자 제도이다.

　중세 유럽의 국가들은 모든 정치권력을 국왕이나 귀족들이 독점하
는 정치체제였다. 중세 시대가 지나고 근대 산업사회로 넘어오면서
성장한 상공인 계급, 곧 부르주아 계급은 왕과 귀족의 전횡에서 벗어
나 자신들의 권리를 주장하기 시작했다. 그 기본은 사유재산권의 보
장과 상공업의 자유에 대한 요구로서 이것이 자유주의 이념의 기초가
되었다. 그런데 상공업의 자유와 사유재산권을 보장받기 위해서는 부
르주아 계급에게까지 참정권이 확대되어야 했다. 정치권력에 직접 참
여하지 않고서는 경제적 자유도 보장받을 수 없었기 때문이다. 그런
면에서 당시의 자유주의는 매우 진보적이었다. 참정권이 더 폭넓게
확대된다는 것은 곧 민주주의의 확대를 의미했기 때문이다. 이러한
사상은 미국의 독립과 프랑스 대혁명으로 이어졌고, 그 결과 군주제

를 대신해 의회가 만든 법으로 통치하는 새로운 정부 형태가 만들어 졌다.

처음에는 일정한 만큼의 재산이 있어서 세금을 내는 남자들에게만 투표권이 있었다. 그런데 산업이 발전하면서 노동계급이 성장했고, 이들도 참정권을 요구하기 시작했다. 하지만 부르주아 계급은 이미 기득권 세력이 되어 노동계급에게까지 참정권이 확대되는 것을 반대 했다. 그들은 노동계급이나 가난한 대중들이 정치권력을 장악할까 봐 두려워했다. 그렇게 되면 자신들의 재산권이 박탈되고, 우매한 다수 대중들의 횡포에 시달릴 것이라고 여겼던 것이다. 즉 자유주의와 민 주주의 사이에 갈등과 충돌이 일어나게 된 것이다.

이러한 자유주의와 민주주의 사이의 갈등과 충돌 과정이 바로 서구 유럽의 민주주의에서 보통선거권을 쟁취하기 위한 투쟁의 역사였다. 이러한 과정을 거쳐 20세기 중반에 들어서자 소수의 부르주아 계급 만의 민주주의에서 모든 일반 대중이 참정권을 행사하는 대중민주주 의가 확립되었다. 이처럼 자유주의와 민주주의의 이념과 제도가 결합 된 것이 우리가 자유민주주의라고 부르는 정치체제이다. 자유민주주 의 정치제도는 개인의 자유와 권리를 헌법으로 보장하고, 민주적인 선거 절차와 의회 제도를 통해 다수의 의견이 정치적으로 실현되도록 하는 체제이다. 이런 의미에서 자유민주주의란 곧 대의민주주의, 의 회민주주의, 간접민주주의의 또 다른 표현이다.

하지만 현대의 자유민주주의 아래에서도 자유주의와 민주주의 사 이에 갈등과 대립은 계속되고 있다. 지금도 자유주의의 핵심 주장은 여전히 '자유'이다. 그리고 그 내용은 사유재산권을 향유할 수 있는 자유와 기업 활동의 자유이다. 여기에 정치적인 자유, 곧 사상과 양심의 자유, 언론과 표현의 자유, 집회의 자유 같은 가치들이 보태진다. 그런데 이러한 가치들은 자유주의의 중요 내용이기도 하지만 민주주의의 핵심 내용이기도 하다. 정치적인 자유 없이는, 또 어느 정도 경제적인 자유 없이는 국민이 지배한다는 민주주의의 이상에 다가갈 수 없기 때문이다.

민주주의가 확대되고 심화되기 위해서는 사회 구성원 사이에 어느 정도 사회경제적인 평등이 실현되어야 한다. 사실 아주 가난한 사람에게는 정치에 참여한다는 것이 오히려 성가신 일일 수도 있고, 부유한 사람일수록 정치적 영향력을 발휘하기가 상대적으로 쉽기 때문이다. 하지만 이런 평등의 이상과 자유의 이상 사이에는 모순이 생기기 쉽다.

사회 구성원 사이에 평등을 이루기 위해서는 정부의 역할이 커져야 한다. 세금도 많이 걷어야 하고, 기업 활동을 어느 정도 규제하는 것도 불가피하다. 세금을 걷어야 사회복지의 혜택을 사회적인 약자들에게 확대해서 사회경제적 격차를 줄일 수 있고, 기업 활동에 어느 정도 규제를 해야 모든 기회를 돈 많은 사람들이 독차지하는 것을 막을 수 있기 때문이다.

하지만 자유주의자들의 눈에는 정부의 역할 강화는 사유재산권과 기업 활동의 자유에 대한 억압으로 비쳐진다. 그들은 정부의 간섭을 최소화하고 경제와 사회를, 심지어는 교육과 문화조차도 시장경제에 맡기는 것이 발전하는 길이라고 믿는다. 세금이 늘어나고 기업 활동을 규제하면 사유재산권이 침해되고 기업의 투자 의욕을 떨어뜨려 경제성장이 둔화될 것이라고 믿는다. 특히 1980년대 이후 세계적 물결이 된 '신자유주의'는 정부의 역할을 줄이고 시장 경쟁에 많은 것을 맡길 것을 요구한다.

그러나 자유를 마냥 확대하면 자연히 강자가 더 많은 혜택과 권한을 누리게 될 것이다. 반면에 약자의 자유와 권리는 상대적으로 위축되어서 강자의 시혜를 바랄 수밖에 없는 처지가 되고 말 것이다. 약자에게 이런 자유는 별 의미가 없다. 민주주의는 이렇게 충돌하는 자유와 평등의 가치를 모두 감싸 안아야 한다. 물론 모든 사람이 다 똑같은 부와 권리를 누려야 한다는 뜻은 아니지만, 불평등을 최소한으로 줄이고자 노력하는 것이 민주주의의 이상을 실현하는 길이라 할 수 있다.

좌파와 우파,
진보와 보수란 무엇일까?

어른들은 가끔 어떤 사람을 두고 "그 사람은 좌파야" 또는 "그 사람은 우익이야"라고 말한다. 도대체 이 말은 무슨 뜻일까?

　'좌파' 와 '우파' 라는 말은 1789년 프랑스 대혁명 때 소집된 국민의회에서 유래한다. 의장석에서 보아 왼쪽에는 국가를 근본적으로 변화시키려는 공화파가 자리를 잡았고, 오른쪽에는 예전 왕정 체제를 유지하고자 하는 왕당파가 앉았다. 1793년 루이 16세를 처형하고 공화파를 중심으로 소집된 국민공회에서도 마찬가지였다. 대중들의 요구에 따라 급진적인 변화를 주장하는 '자코뱅파' 가 왼쪽에 앉고, 자산가 계층의 이해를 대변해 점진적인 변화를 꾀하던 '지롱드파' 는 오른쪽에 자리를 잡았다.

　이때부터 좌파는 더 급진적이고 개혁적인 성향을, 우파는 점진적이고 보수적인 정치 성향을 가리키는 용어가 되었다. 19세기 들어 자본주의가 아주 빠르게 발전하기 시작하면서 그 기준은 좀더 분명해졌다. 자본주의 시장경제의 원리에 충실하면서 정부의 간섭을 줄여 경제적 자유를 확대하려는 자유주의 세력을 우파라고 불렀다. 이와 반대로 자본주의를 대신하는 사회주의 체제를 건설하려 하거나 또는 자본주의에 사회주의적 요소를 더해 자본주의를 극복하려는 세력을 좌파라고 부르게 되었다.

20세기 들어 좌파는 크게 보아 옛 소련과 동유럽을 중심으로 하는 공산주의와 서유럽의 사회주의 또는 사회민주주의로 나뉜다. 러시아 혁명의 성공으로 하나의 국가 체제로 자리잡은 공산주의는 자본주의 체제를 무너뜨리고 사회주의 계획경제 체제를 수립함으로써 자본주의를 극복하고자 했다. 이와 달리 서유럽의 사회주의 정당들은 자본주의 체제 내에서 의회민주주의 방식으로 사회주의적 정책들을 실현함으로써 자본주의 문제들을 해결하고자 했다.

옛 소련을 비롯한 동유럽 공산주의 국가들이 무너지면서 공산주의 실험은 실패로 끝났다. 하지만 독일이나 북유럽의 사회민주당, 영국의 노동당, 프랑스의 사회당과 같은 서구 유럽의 정당들은 복지 확대, 사회 재분배, 공공적인 교육·의료 정책, 기간산업의 국가 소유, 서민을 위한 주택 정책 등을 내걸고 오랫동안 집권을 하고 있다.

그러나 우리나라의 경우는 좌파와 우파가 분열하면서 민족이 분단되고 전쟁을 겪었다. 그 이후 남한에서는 좌파가 발을 붙일 수 없었다. 독재 정권은 자신들에게 반대하고 저항하는 사람들에게 '좌익' 또는 '좌경'이라는 멍에를 씌워 탄압하곤 했다. 유럽식 사회주의나 사회민주주의조차도 용납되지 않았다. 이러한 정치 상황으로 말미암아 좌파와 우파보다는 진보와 보수라는 구분이 자리 잡게 되었다. 좌파와 우파에 비해 진보와 보수라는 말은 좀더 폭넓게 사용되었다. 분단과 극단적 반공주의, 재벌 중심의 시장경제, 권위주의 통치 체제, 친일 잔재 등에 대한 생각들이 나뉘었다. 이러한 체제를 없애거나 바꾸어서 남한과 북한의 화해, 복지 확대, 민주화의 확대와 발전, 친일 잔재 청산 등을 꾀하는 것이 진보의 이념이었고, 거꾸로 그러한 체제를 유지하려는 것을 보수 이념이라 할 수 있었다.

이승만, 박정희 그리고 전두환 등으로 이어지는 정치 세력은 극단적인 수구 보수에 가까웠고, 신민당과 민주당으로 이어지는 야당은 좀더 온건한 보수에 가까웠다. 진보 이념을 대표하던 세력은 독재와 맞서 싸우던 재야 정치인, 지식인, 시민, 학생 등 민주화운동 세력이었다.

진보 이념은 1987년 민주화 이후에야 부분적으로 현실 정치에 반영되었다. 보수 야당에 진보적 민주화 운동가들이 참여함으로써 스스로 '민주 개혁 세력'으로 부를 수 있게 된 것이다. 한편 정치적 민주화를 받아들인 수구 보수 세력은 스스로 '산업화 세력'으로 합리화했다.

좌파 정당까지 참여하는 국회가 구성된 것은 2004년 총선이었다. 그해 선거에서 민주노동당은 지역구와 비례대표를 합쳐 10석을 차지했다. 민주노동당의 등장은 무려 50년 만에 한국의 정치가 좌우의 날개로 함께 나는 시대가 열린 것을 의미했다. 그런데 정작 '좌파' 시비는 노무현 정부에 집중되었다. 보수 야당은 노무현 정부가 추구하는

2004년 총선에서 건국 이후 처음으로 좌파 정당인 민주노동당이 원내 진출에 성공한다.

복지 확대 정책을 좌파적 평등주의로 규정했다. 이 밖에도 국가보안법 폐지 등에 대한 긍정적인 태도, 남북 교류 확대 등에 대해서 '친북 좌파'라고 공격했다. 이러한 정치 상황은 한국의 우파가 여전히 냉전 시대의 사고방식에서 벗어나지 못하고 있다는 것을 보여준다. 사실 가장 좌파라고 하는 민주노동당조차도 유럽 기준으로 보자면 사회민주주의 정도에 불과했다. 노무현 정부는 중도 우파라고 할 수 있는 정도였다.

좌파와 우파, 진보와 보수는 이처럼 서로 상대적이다. 너무 오른쪽으로 비켜서서 보면 온건한 개혁도 '좌파'처럼 보인다. 그런데 이러한 정치 이념과 성향도 세상의 모든 일이 그렇듯이 늘 내용이 변화한다.

'386세대'란 누구를 말하는가?

'386세대' 라는 말은 1990년대 후반에 만들어진 신조어다. 당시 기준으로 나이가 30대로서 1980년대에 대학을 다니고, 1960년대에 태어난 세대라는 뜻이다. 당시 사용되던 인텔의 마이크로프로세서를 탑재한 컴퓨터의 명칭이 286컴퓨터, 386 컴퓨터 등이었던 데서 비롯되었다.

386세대는 5공화국 시대이던 1980년대에 대학을 다니면서 학생운동을 통해 민주화 운동에 참여했다는 공통점을 가진 세대이다. 이러한 경험을 하면서 이들 세대는 다른 세대에 비해 훨씬 비판적이고 진보적인 정치의식을 갖게 되었다. 지역주의에 얽매이지 않고 권위주의 통치에 저항하는 386세대의 지지를 받아 최초로 평화롭게 정권이 바뀌었다. 뒤이은 노무현 정부는 이들의 광범위한 참여와 지지를 통해 성립

했다. 그리고 386세대 정치인들은 국회와 청와대에서 요직을 맡았다.

거꾸로 보수 세력은 386세대를 좌파 이념에 치우친 불순 세력으로 여겼다. 특히 노무현 정부 들어 386세대 정치인들이 권력의 실세로 떠오르면서 보수 세력의 적대적 태도는 두드러졌다. 국가보안법 폐지

찬성, 성장만이 아니라 부의 분배에 대한 적극적인 관심, 한·미 관계 등에 대한 새로운 접근 등에 대해서 두 세력은 생각이 완전히 달랐다.

하지만 386세대와 보수 세력 사이의 오랜 갈등은 새삼 노무현 정부 들어서 시작된 것이 아니었다. 1980년대에 386세대는 남북 분단 체제 아래 억압적인 군사독재와 거기에서 비롯된 사회경제적 문제들을 근본적으로 해결하고자 했다. 이런 과정에서 다른 세대에서는 금기시되었던 마르크스주의와 사회주의를 하나의 정치 철학으로 받아들이기도 했고, 한반도의 분단 상황에 대한 비판적 인식, 5·18광주민주화운동 당시 미국의 역할을 비판하면서 반미 성향을 띠기도 했다. 군사독재와 그를 추종하는 수구 보수 세력은 이러한 태도를 불순한 좌파로 여겨 억압했다.

하지만 군사독재의 억압을 뚫고 민주화의 승리를 이끌어낸 것은 결국 이들 세대의 단결된 힘이었다. 1987년의 정치적 민주화로 비로소

시위를 하고 있는 80년대 대학생들. 386세대는 한국의 민주화에 큰 기여를 했다고 평가받는다.

현실 정치에서 온건하고 점진적으로 개혁을 할 수 있는 길이 열렸다. 진보적인 의식을 가진 많은 386세대가 시민운동과 정치단체에 가장 적극 참여하는 특징을 보인 것은 당연한 일이었다.

386세대 정치인들은 도덕성과 개혁 면에서 높은 지지를 받았다. 그러나 김대중, 노무현으로 이어지는 정부가 경제와 개혁 측면에서 뚜렷한 성과를 보여주지 못하면서 이들도 '무능' 이라는 책임을 나눠질 수밖에 없었다.

정치에서 노랑, 파랑, 주황 색깔은 무엇을 상징할까?

노란색은 김대중과 노무현을 대통령으로 만들어준 색깔이다. 초기 당내 지지율이 3위였던 노무현은 노란 스카프를 맨 지지자들의 열렬한 성원에 힘입어 후보로 선출되었고, 마침내 대통령에 당선되었다.

노무현 대통령이 탄핵에 처했을 때도 저녁마다 광화문은 온통 노란색 물결이었다. 2007년 겨울에는 이명박의 파란 목도리가 거리를 휩쓸었다.

전통적으로 빨간색은 진보적인 좌파를, 파란색은 보수적인 우파를 상징한다. 빨강과 파랑의 상징성은 프랑스 대혁명에서 비롯되었다. 당시 좌파였던 자코뱅주의자들은 로마 시대 갤리선의 노예들처럼 빨간 모자를 쓰고 빨간 깃발을 들었다. 이에 맞서 보수파들은 파란색을 자신들의 상징으로 삼았다. 이후 빨간색은 혁명을 상징하는 색깔이 되었고, 이는 훗날 사회주의자와 공산주의자, 다시 말해 '가난한 사람들'을 변호하는 사람들의 색깔이 되었다. 이러한 전통은 전 세계로 퍼져

올림픽을 상징하는 오륜기의 다섯 가지 색은 파랑, 노랑, 검정, 초록, 빨강이다. 쿠베르탱이 창안한 것으로, 동그라미 다섯 개는 5대륙을 상징한다. 그러나 특정 색이 특정 대륙을 상징하지는 않는다.

모든 공산주의자의 색깔이 되었다. 우파가 좌파를 비하할 때 쓰는 말인 '빨갱이'는 거기에서 비롯되었다.

한국 정치에서 본격적으로 색깔이 정치의 상징으로 사용된 것은 1980년대 중반부터이다. 당시 김대중과 김영삼 두 사람이 주도하는 정당이 노란 조끼를 입고 민주화 시위에 나서면서 노란색은 독재에 반대하는 민주 진영의 상징이 되었다. 이후 김대중과 민주당의 색깔로 자리잡았고, 노무현으로 이어졌다. 그래서 지금도 민주당 후보들은 노란 모자나 스카프를 두르고, '노란 손수건'을 부른다.

한나라당은 1987년 대통령 선거에서부터 노태우 후보가 전통적으로 우파 또는 보수파가 애용하는 파란색을 선택해서 당선된 이래 줄곧 파란색으로 자신들을 나타낸다. 한나라당 홈페이지에 들어가면 온통 파란색과 '파란'이란 말로 시작되는 꼭지들이 가득하다.

빨간색은 이제 한국에서 좌파의 색깔이 아니다. 빨간색은 국가대표 축구팀과 그들을 응원하는 사람들을 상징한다. 2002년 월드컵에서 이들을 일컫는 말은 바로 'the Reds(빨갱이들)'이었다. 좌파를 표방한 정당인 민주노동당은 빨간색보다는 조금 덜 빨간 주황색으로 자신들을 나타낸다. 하지만 여전히 이들을 지지하는 많은 노동조합들은 파업을 벌일 때마다 빨간 조끼를 즐겨 입는다.

6장

또 다른 정치 참여

이익 단체는 정치에서 어떤 역할을 할까?

이익 단체란 구성원들의 공동의 목표 또는 이익을 달성하기 위해 조직된 단체를 말한다. 자신들의 이익을 위해 정부에 영향력을 끼치려고 하는 이러한 단체 또는 집단을 '압력 단체'라고 부른다.

이익 단체는 그 종류가 아주 다양하다. 소비자 단체는 소비자들이 상거래에서 불이익을 당하지 않도록 하는 활동을 한다. 노인회는 노인들의 복지 문제를 위해 일하고, 여성 단체는 여성과 아동의 권익을 높이기 위해 힘쓴다. 대부분의 나라에서 노동조합과 자본가 단체는 대표적인 이익 단체이다. 한국노총이나 민주노총과 같은 노동조합은 노동자를 대표해 임금이나 근로 조건을 개선하기 위해 노력한다. 그에 반해 경영자 단체는 회사와 자본가의 이익을 대변하기 위해 노력한다. 대표적으로 전국경제인연합회(전경련)는 대기업의 자본가들이 모인 자본가 단체이다.

사회가 다원화되면서 경제, 직업, 문화 등과 관련된 이해관계에 따라 많은 새로운 이익 단체가 생겨나고 있다. 우리가 흔히 이용하는 식당이나 노래방 업주들도 자신들을 대표하는 단체에 소속되어 있다. 이익 단체는 정당만으로는 다양한 이해관계들을 아울러 대표하기에 한계가 있기 때문에 생겨난다. 정당은 서로 이해관계가 다른 다양한 사람들의 요구를 다 반영하려고 노력해야 하기 때문이다.

이에 반해 이익 단체는 구성원들의 이익만을 실현하기 위해 노력한다. 이익 단체가 때로 공익적인 문제를 내걸기도 하지만, 그것은 대부분 자신들의 존재를 알리기 위한 것으로 일시적인 것에 불과하다. 이익 단체는 선전 활동을 하기도 하고, 정부나 정치인들에게 로비를 벌이기도 한다. 특히 법률을 새로 만들거나 개정해야 할 때는 단체의 역할이 중요해진다. 국회나 정부도 이때에는 이들 단체들의 의견을 물어서 이해관계를 반영하려고 노력한다. 미국처럼 이러한 일을 전문으로 하는 로비스트를 합법으로 인정하자는 논의가 많다. 하지만 우리나라에서는 금품이나 대가를 주고받는 로비는 불법이다.

그러나 이익단체의 활동이 공익과 조화를 이루지 못하고 사회 전체의 이익과 충돌할 때는 심각한 문제가 되기도 한다. 지난 1990년대 의사와 약사들 간의 의약 분업을 둘러싼 분쟁에서는 병원들이 파업을 결의하고 진료를 거부하기도 했다. 결국 의약 분업이 이루어지기는 했지만 국민들이 부담해야 하는 전체 의료비는 증가했다는 평가가 나오기도 했다.

시민 단체와 시민운동은 왜 필요한가?

미군기지 환경오염 고발, 여성 차별 금지 법안 제정, 국회의원의 의정 활동 평가, 소액주주의 대기업 감시 활동 등은 모두 시민 단체가 주도한 활동들이다.

　통일, 경제 정의, 환경, 차별 문제 등 우리 사회가 안고 있는 거의 모든 문제들의 영역에서 공익을 위해 활동하는 시민 단체들이 있다. 이들은 국가권력이 남용되는 것을 감시하고 견제한다. 또한 사회의 약자를 대변하기도 한다.

　시민 단체는 민주주의의 발달과 시민들의 공동체 의식이 성장함에 따라 자발적으로 생겨난 조직이다. 시민 단체를 흔히 비정부기구(NGO, Non-Governmental Organization)라고도 하는데, 정부에서 지원을 받으면 독립성을 갖고 감시 활동을 하기 어렵기 때문이다. 그래서 시민 단체는 기업이나 정부로부터 지원을 최소한으로 받는 것이 필요하다.

　정당을 통하지 않고도 많은 사람들이 이러한 시민 단체를 통해 정

치에 참여하고 있다. 이익 집단이 특정 집단의 이익을 추구하는 것과
는 달리, 시민 단체는 대개 공동체의 이익을 실현하는 데 관심을 갖는
다. 사회 정의 실현과 다양한 사람들의 목소리가 정치에 반영될 수 있
도록 노력한다. 한국의 시민운동은 민주화 운동 과정에서 중요한 역
할을 했다. 정치 민주화와 인권 보호, 사회적 약자의 목소리를 대변하
는 주요한 통로였다.

민주화 이후 스스로 참여하는 사람들이 늘어나면서 시민운동 단체
는 점차 많은 회원을 거느린 대중 단체로 뿌리내리고 있다. 또 사회가
다원화되면서 분야별로 전문화되는 추세다. 환경운동, 인권운동, 여
성운동, 의정 감시 활동, 언론 감시 활동, 평화운동, 부패 방지 운동
등 그 분야는 대단히 광범위하다. 특히 환경 문제를 국민들의 중요 관
심사로 끌어올린 데에는 시민 단체의 역할이 컸다. 그리고 뚜렷한 성
과를 낸 분야이기도 했다. 하지만 여전히 우리 사회는 개발과 환경 보
전 사이에서 적절한 균형을 찾지 못하고 있다. 한반도 대운하는 다시
한 번 이를 가늠하는 잣대가 되고 있다.

최근에는 신자유주의 세계화가 가져오는 심각한 사회 양극화 문제
에 주목하는 시민 단체가 늘어나고 있다. 그래서 때로는
주요 국제회의가 열리는 세계의 주요 도시에서 한국의
시민운동가들이 모습을 드러낸다. 그러나 이러한 시위는
한국 시민운동 단체들이 유별나서가 아니다. 세계 여러
나라의 비정부기구들이 세계화로 인해 피해를 입는 사회적 약자의 목
소리를 대변해서 연대 활동을 하고 있는 것이다.

녹색연합
http://www.greenkorea.org
참여연대
http://www.peoplepower
21.org

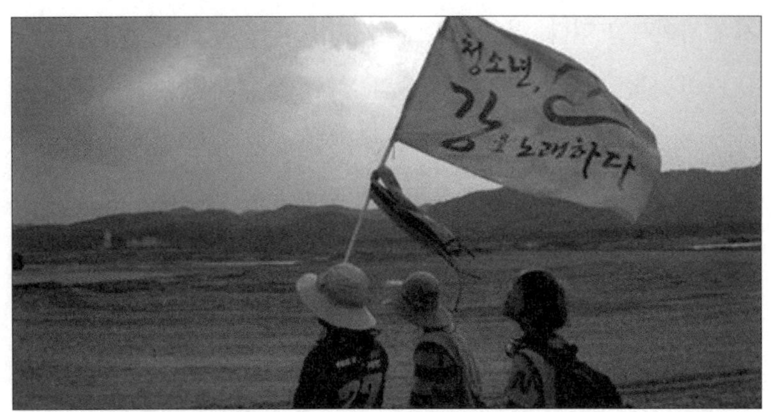

한반도 대운하에 반대하는 강 순례를 하고 있는 청소년 모임 '강강수월래단'.

또한 NGO는 정부 정책을 감시하고 시민들에게 정보를 제공해 정치 참여를 장려한다. 인권, 환경, 보건, 성차별 문제들을 해결하기 위해 다양한 서비스와 인도주의적 기능을 수행한다.

왜 정치인에게는 참모가 필요할까?

모든 것을 다 알고 있는 사람은 없다. 그렇기 때문에 어떤 문제는 누구에게 물어보는 것이 좋은지 알아두는 것이 현명한 방법이다. 어른이나 어린이 할 것 없이 다 마찬가지다.

정치인들은 그들에게 조언해줄 수 있는 사람들을 두고 있다. 국회의원은 공식적으로 보좌진을 6명 둔다. 이들은 국가에서 급여를 주지만, 임명은 의원 각자가 한다. 시민 단체에서 국회의원들을 평가한 것을 공개하면서부터 이들의 역할이 점차 중요해지고 있다. 국정감사, 국정조사, 청문회, 법안 발의 등 의원들의 의정 활동 평가에서 얼마나 충분하게 조사와 연구를 했는지가 곧바로 드러나기 때문이다. 물론 이런 공식적인 보좌진 외에도 자신을 돕는 사회 각계의 전문가를 친구로 둘 수도 있다.

누구나 자기 지역구의 국회의원에게 고충을 말할 수 있다. 그래서 부지런한 국회의원들은 늘 유권자들에게 가까이 다가간다. 유권자야말로 가장 훌륭한 조언자이기 때문이다.

그리고 정당에는 대부분 공식적으로 정책 연구 기관이 있다. 정당에 지원하는 국고보조금에서 의무적으로 정책 개발비로 어느 정도를 사용해야 하기 때문이다. 이들 공식적인 정책 연구 기관에서는 당 정책뿐만 아니라 선거 전략 등을 수립하기도 한다.

대통령 후보로 거론되는 정치인들은 별도로 연구소나 모임을 꾸리기도 한다. 여기에는 그 정치인과 밀접한 관계를 맺고 있는 각계의 전문가들이 가세한다. 흔히 언론에서는 이것을 '대선 캠프'라고 한다. 대선 캠프에서는 그 정치인을 위한 정책 전문가 그룹 만들기, 정책 개발, 홍보 활동 등을 한다. 대통령 후보로 결정되면 이들이 당의 공식적인 선거운동 기구로 옮겨가기도 한다. 그리고 여기에 홍보와 광고 전문가, 여론조사 기관들이 가세한다.

그 정치인이 대통령에 당선되었을 때 이들이 알맞은 자리에 임명되는 것은 사실 전혀 이상한 일이 아니다. 오랫동안 대통령과 정치 이념을 공유하면서, 구체적인 정책을 연구했기 때문이다. 대통령중심제에서는 이러한 대통령의 인사권이 보장되어야만 책임정치를 할 수 있는 것도 사실이다. 하지만 대통령에게 임명권이 있다고 해도 그 사람이 능력과 품성, 지도력과 같은 납득할 만한 요건을 갖추어야 한다. 때로 어떤 분야에서는 전문성이 중시되어야 할 자리도 있다. 그렇지 않을 때에는 '낙하산 인사'라는 비난을 피할 수 없다.

사실 그동안 더 심각했던 문제는 대통령의 가족이 이른바 '실세'로 통할 때였다. 대통령의 친인척이 이른바 '소통령'으로 득세를 하면 누구도 대통령에게 이들에 대해 직언을 하기가 쉽지 않기 때문이다.

기업은 정치에 어떤 영향력을 미칠까?

경제가 잘 돌아가지 않으면 정부는 국민들의 지지를 얻기 힘들다. 실업자가 늘고 벌이도 시원치 않은 상황이 오래 지속되면 사람들의 불만이 쌓이게 되고, 끝내 그 화살은 정부에게 향한다. 그래서 정부는 국민경제가 원활하게 돌아가도록 많은 노력을 기울인다.

자본주의 시장경제에서 국가의 역할은 경제 활동의 자유를 보장해 주고, 시장에서 공정하게 경쟁할 수 있도록 법과 제도를 잘 갖추는 것이다. 국가가 직접 나서서 재화를 분배하지는 않는다. 자본주의가 고도로 발전할수록 가장 중요한 역할을 하는 경제 주체는 기업이다. 경제가 잘 돌아가기 위해서는 우선 기업이 잘 되어야 한다. 투자를 해서 생산성을 높이고 일자리를 만드는 곳이 바로 기업이기 때문이다. 경제가 세계화되면서 국제무대에서 경쟁력이 없는 산업 분야를 보호할 장벽은 점차 사라지고 있다. 국제적 경쟁력을 갖춘 기업들만이 살아남을 수 있는 경제 환경으로 바뀌고 있는 것이다.

그래서 국가는 기업이 경쟁력을 가질 수 있는 여러 가지 유리한 환경을 제공할 것을 요구받는다. 이러한 경향은 IMF 금융 위기 이후 더욱 거세졌다. 기업이 종사자의 고용을 안정적으로 보장해야 하는 의무를 없애고, 비정규직 고용을 늘릴 수 있도록 한 것이 대표적인 예이다. 그리고 지난 몇 년 동안 중앙정부와 지방정부가 내세운 것이 바로 '기업하기 좋은 나라'였다. 기업이 공장을 짓겠다면 도로를 닦아주고, 땅을 싼 값에 제공하고, 여러 가지 서비스를 제공하고, 또 공장을 짓는 데 필요한 각종 허가와 신고 사항들을 처리하는 데 필요한 시간과 비용을 줄이겠다고 나섰다.

그러나 대기업이나 경쟁력을 갖춘 기업들은 외국으로 빠져나가고, 일자리는 늘지 않았다. 여전히 한국은 기업을 많이 규제해서 세계에서도 손꼽히는 기업하기 어려운 나라라는 평가를 받았다. 그러자 마침내는 아예 '비즈니스 프렌들리(business friendly)'를 내세운, 즉 '기업 친화적인' 정부를 내세운 후보에게 표를 던졌다. 경제를 살릴 수 있다고 믿어서였다.

기업들의 요구는 무척 다양하다. 예를 들어, 수도권에 대규모 공장을 신축할 수 있도록 허용해달라고 한다. 수도권에는 이제 큰 규모의 공장은 지을 수 없기 때문이다. 그러나 법을 바꾸는 것은 쉽지 않다. 수도권에 공장을 짓는 것을 허용하면 다른 지방에서 반대한다. 국토와 지역이 균형 있게 발전해야 하기 때문이다. 또 상수원 보호구역이나 그린벨트를 해제하는 것을 반대하는 주민들도 많다.

또한 기업들은 재벌 규제를 풀어서 계열 기업 간에 서로 자본금을 출자할 수 있도록 해달라고 요구한다. 적은 자본으로 많은 기업을 지배할 수 있기 때문이다. 하지만 사람들은 재벌의 문어발식 경영 때문에 닥친 금융 위기 당시의 부도 사태를 기억하고 있다. 사람들은 여전히 재벌이 산업과 금융까지 지배하는 구조가 되는 것을 반대하고 있다.

또한 기업들은 노동조합에 대해서도 요구하고 있다. 노동조합이 너무 무리한 요구를 하지 않아야 투자를 할 수 있다고 한다. 하지만 법으로 보장된 노동조합의 권리를 정부가 임의로 제한할 수는 없다. 더 나아가서 기업들은 기업가가 투자할 수 있는 분위기 조성을 위해 불법 정치자금 제공이나 탈세 등으로 처벌을 받은 기업인들을 사면해줄 것도 요구한다. 그러나 돈 많은 재벌이라고 해서 특별대우를 받아서는 결코 안 된다.

이처럼 사람들의 생각과 주장은 서로 대립되기도 하고 어긋나기도 한다. 국가는 서로 대립되는 주장과 요구들 사이에서 균형을 잡아야 한다. 시장 경쟁에 참여하는 주체는 대기업만이 아니기 때문이다. 대기업과 중소기업, 자영업자, 농민과 어민, 노동조합, 소비자 모두 시장에서 서로 경쟁을 하고 있다. 사회에서 발언권이 큰 대기업의 요구를 경제 전체의 요구로 봐서는 안 된다. 그러면 기업 친화적이 아니라 대기업 친화적이라는 비판을 피할 수 없다.

돈으로 정치를 살 수 있을까?

중남미 국가에서 바나나를 주로 구매하는 사람들은 미국의 몇몇 수입업자들이었다. 이들은 뇌물을 앞세워 대단한 발언권을 행사했다. 심지어는 쿠데타를 사주해서 정부를 뒤엎기도 했다.

우리나라에도 이와 비슷한 말로 '삼성 공화국'이라는 말이 있다. 삼성이 사회 모든 방면에 미치는 무소불위한 능력을 두고 일컫는 말이다. 2002년 대통령 선거에서 삼성은 이른바 '차떼기'로 거액의 선거 자금을 전달한 사실이 밝혀져 세상을 떠들썩하게 했다. 그때 사람들은 그 어마어마한 액수에 한 번 놀랐고, 평소에 점잔을 떨던 사람들이 마치 첩보영화와 같은 장면을 연출하며 돈을 주고받는 수법에 또 한번 놀랐다. 그러나 삼성의 총수 이건희는 수사를 피하기 위해 외국에 나가 있다가 잠잠해진 뒤에야 국내로 들어왔다.

2007년 대선을 앞두고는 삼성이 정·관계, 법조계, 언론계 등의 지도급 인사들에게 꼬박꼬박 이른바 '떡값'을 주며 관리해왔다는 내부 고발이 다시 이어졌다. 대통령 선거를 코앞에 둔 국회가 부랴부랴 '삼성특검법'을 만들었고, 특별검사가 임명되어 불법 자금 조성과 불법 로비를 했는지에 대해 수사했다.

그러나 수사가 진행되는 동안 일부 언론과 경제 단체들은 빨리 수사를 마칠 것을 드러내놓고 요구했다. 한국을 대표하는 거대 기업을 수사하는 것은 한국 경제의 신용도와 기업의 투자 의욕을 떨어뜨린다는 것이었다. 또한 용기 있는 내부 고발인을 거꾸로 자신이 몸담았던 조직을 배신한 파렴치범으로 몰아서 '왕따'를 시키려고도 했다. 그리고 수사 결과는 역시 그동안 제기된 문제들 중 한 가지도 속 시원히 밝히지 못한 채 총수가 경영 일선에서 물러나는 것으로 끝나고 말았다. 사람들은 삼성의 영향력이 역시 대단하다는 것을 다시 한 번 실감했다.

물론 2002년 대선에서도 '차떼기'로 거액의 불법 정치 자금을 받은 후보는 당선되지 않았다. 당시 검찰은 야당뿐만 아니라 현직 대통령의 선거 자금까지 수사를 했다는 점에서 높은 평가를 받았다. 그러나 제대로 수사를 했다고 믿는 사람은 많지 않다. 실제로 돈을 주고받은 몇몇 사람들은 형식적으로 사법 처리가 되었지만, 몇 년이 지나자 다시 모두 제자리로 돌아왔기 때문이다.

물론 돈으로 정권을 만들어내기란 쉽지 않다. 그러나 돈을 주고받음으로써 서로 편의를 봐주는 거래는 늘 있기 마련이다. 이를 막기 위

김용철 변호사가 정의구현사제단과 함께 '삼성 떡값'을 고발하는 기자회견을 하고 있다.

해서는 검찰과 같은 국가의 수사기관이 제대로 기능을 할 수 있어야
한다. 또한 무엇보다도 언론 매체들이 늘 감시하는 역할을 해야 한다.

로비는 나쁜 일일까?

본래 로비는 영국 의회에 있는 대기실을 일컫는 말이었다. 이 말에서 유래되어 19세기 미국에서는 의원들을 만나기 위해 의회 로비를 어슬렁거리는 사람들을 로비스트라고 불렀다.

미국에서는 로비스트를 직업으로 인정한다. 그러나 우리나라에서는 로비스트를 인정하지 않는다.

이익 단체의 대표들은 어떻게든 자신이 속한 집단의 이익을 대변하려고 한다. 그들은 각종 회의에 쫓아다니고, 의회와 정부의 관계자를 만나고, 언론에도 호소한다. 그리고 압박을 하기 위해 회원들을 동원해 시위도 벌인다. 이러한 시위를 보면서 사람들은 짜증을 내기도 하지만 어찌 보면 이것은 너무도 당연한 과정이다.

그러나 눈으로 보이는 이러한 과정 이외에 눈에 보이지 않는 전문 지식을 활용한 활동이 필요할 수도 있다. 이러한 역할을 대행하는 사람이 바로 로비스트이다. 그러나 우리 사회는 지역 연고, 학교 선후배 등을 따져서 이러한 일들을 해결해왔다. 많은 인맥을 쌓은 사람들은 어디에서도 환영을 받는다. 그래서 이러한 업무를 전문으로 하는 사람들을 위한 '로비스트 법'이 논의되고 있다. 등록된 로비스트에 한해 일정한 액수의 금액을 받고 이러한 업무를 대행할 수 있도록 하자는 것이다. 그리고 정기적으로 의뢰받은 업무와 수익금을 공개한다는 것이 주요 내용이다. 물론 그렇게 해도 정부나 의회 관계자에게 돈이나 다른 편익을 제공하는 것은 불법이다.

하지만 우리나라에서 문제가 되는 '로비스트'들은 대부분 불법적인 일에 관계되어 있다. 심지어는 뒷돈을 주고 재판에까지 영향을 미치고 싶어한다. 게다가 돈이 많은 집단이나 단체, 기업들의 자금 흐름은 실제로 잘 파악되지도 않는다. 아직 한국의 금융이나 회계 제도는 투명하지 않기 때문이다. 그래서 정작 로비가 필요한 집단들은 이 법에 반대하기도 한다.

7장

돈과 정치

정당과 정치인은 어떻게 돈을 마련할까?

선거 때가 되면 거리에는 수많은 현수막이 걸리고 후보를 홍보하는 차량이 돌아다닌다. 이런 일을 하려면 당연히 돈이 든다. 거기다 일하는 사람들과 사무실을 유지하는 데도 경비가 들어간다. 선거 운동에 필요한 돈은 당원들의 당비, 후원금, 국가의 지원금으로 충당한다.

국가는 정당들에게 보조금을 지급한다. 하지만 국가의 보조금은 국민에게 뿌리를 내리고 있는 정당들만 받을 수 있다. 그것은 얼마나 많은 국민들이 그 정당에 표를 주었느냐에 따라 결정된다. 국가가 정당에 재정을 지원하는 사항은 법으로 규정되어 있다.

국가가 정당에 지원하는 돈의 총액은 선거가 없는 해에는 유권자 1명당 800원씩으로 계산된다. 대통령 선거나 국회의원 총선거, 지방자치단체 동시 선거가 있는 해에는 선거 보조금으로 유권자 1명당 800원씩이 추가된다. 그중에서도 국회의원 선거와 지방 선거에서는 여성 후보 추천을 위한 보조금으로 100원씩이 더 책정된다. 참고로 2008년 4월 국회의원 총선에서 전국의 총 유권자 수는 약 3천7백80만 명이었다.

이 금액 가운데 50%는 교섭단체를 구성한 정당에 우선 균등하게 배분된다. 그 외에 5석 이상을 얻은 정당에게 5%를, 그 이하의 정당은 이전 국회의원 선거에서 전국적으로 2% 이상 표를 얻었을 경우에 2%를 받는다. 그리고 나머지 금액 가운에 50%는 의석 비율에 따라, 잔여 금액은 국회의원 선거의 득표율에 따라 배분한다.

국회의원과 국회의원 후보, 광역 단체장 후보는 일반 유권자에게 후원금을 걷을 수 있다. 과거에는 정당도 후원금을 걷을 수 있었지만, 불법 대선 자금 사건의 여파로 폐지되었다. 개인만 후원금을 낼 수 있는데, 한 국회의원에게 500만 원까지 후원할 수 있다. 회사와 같은 단체가 후원을 하는 것은 금지되었다. 국회의원이 1년 동안 걷을 수 있는 후원금의 한도는 선거가 없는 해에는 1억 5천만 원, 선거가 있는 해에는 3억 원이다. 그러나 이 법은 다시 선거를 앞두면 언제 다시 바뀔지 알 수 없다. 이러한 국고 보조금이나 후원금의 사용 내역은 해마다 선거관리위원회에 신고해야 한다. 특히 국고 보조금의 경우, 사용할 수 있는 목적이 정해져 있다. 법으로 정한 목적이 아닌 곳에 사용하면 다음 해에는 그만큼 줄어든다.

이 밖에도 정당은 당원에게 당비를 거둘 수 있다. 당비에는 달마다 내는 정기적인 당비와 특별 당비가 있다. 그 액수에 제한은 없으며, 정당별로 각자 정할 문제이다. 당비의 납부 여부에 따라 당원에게 권리를 더 줄지 아닐지를 결정하는 것도 정당이 결정한다.

국가의 살림살이는 어떻게 결정될까?

가족들이 공동생활을 하기 위해서는 필요한 물품들이 많다. 물건을 아껴 쓰고 낭비를 줄이고, 남는 돈은 저축을 한다. 마찬가지로 국가도 살림살이를 한다. 국가의 살림살이에서는 먼저 수입과 지출의 세세한 내역을 작성한다.

아이들은 부모에게 주마다 또는 달마다 용돈을 받는다. 그 돈으로 책을 사기도 하고, 영화를 보러 가거나 게임기를 사기도 한다. 또 시험 점수를 잘 받거나 명절이면 용돈이 더 많이 생긴다. 이 돈으로 그동안 사고 싶었던 물건을 살 수도 있다. 아니면 나중에 쓰기 위해 저축을 할 수도 있다.

국가가 받는 '용돈'은 대부분 국민들이 내는 세금으로 만들어진다. 정부는 그 돈으로 학교를 유지하고, 도로나 항만을 건설하고, 가난한 사람들을 보살핀다. 군대와 경찰을 유지하고, 환경보호에도 많은 돈을 들인다. 그 밖에도 돈이 들어가야 할 곳은 헤아릴 수 없이 많다.

예산이라고 부르는 재정계획에는 1년 동안 얼마가 국고로 들어오고, 어디에 얼마를 지출할 것인지에 대한 모든 계획이 들어 있다.

2008년도 예산을 보면, 지출해야 할 총금액은 256조 1721억 원으로 계획되어 있다. 2007년도에 지출된 총액은 238조 3826억 원이었다.

예산안을 짜는 것은 행정부의 고유한 권한으로서 기획예산처라는 부서에서 담당한다. 예산을 세울 때는 먼저 국가가 걷어 들일 돈을 산정한다. 그리고 각 정부기관별로 그해 필요한 예산 요구서를 받아서 부처 간 협의를 거쳐 예산안을 만든다. 이 예산안은 국무회의 의결을 거쳐 국회에 제출된다. 국회에서는 각 상임위원회와 예산결산특별위원회의 심의와 토론을 거쳐 본회의에서 의결로 확정한다. 예산안은 다음 해가 시작되기 30일 전까지 확정되어야 한다. 만약 연말을 넘기고도 예산안이 확정되지 않으면 모든 계획을 보류해야 하기 때문에 혼란스러워진다.

지난 몇 년 동안 국가 예산은 지속적으로 적자였다. 그래서 국가재정은 2007년 말 현재 299조 원의 빚더미에 앉아 있다. 이 액수는 국내총생산(GDP)의 32.1%에 달한다. 아직까지 국가 부채의 비율이 선진국들에 비해서 높은 편은 아니다. 하지만 증가 속도는 상당히 빠른 편이다. 우리 사회가 대단히 빠르게 고령화한다는 점을 생각하면 국가의 부채는 더욱 늘어날 것이다. 우리 모두가 언젠가는 이 돈을 갚아야 한다.

복지 정책이 경제 발전을 가로막는가?

지난 노무현 정부 이래 복지 증대에 대해 걱정하는 목소리가 끊이지 않았다. "지나친 사회보장제도는 경제성장에 도움이 되지 않는다. 복지국가라고 하는 유럽도 분배와 복지보다는 성장을 추구하고 있다. 그런데 왜 노무현 정부는 시계바늘을 거꾸로 돌리려 하는가?"

과연 우리나라가 지나치게 복지 정책을 확대해 경제성장에 문제가 생길 만큼 복지 제도가 잘 갖추어진 나라일까? 복지 제도의 폐해란 복지 제도가 너무 잘 갖추어져 있어서 사람들이 일을 하려고 하지 않는 것이다. 하지만 우리는 복지국가의 이념을 내세우고 있으면서도 오랫동안 사회복지제도에 대해 심각한 논의를 한 적도 없었다. 경제의 고도성장으로 계속 일자리가 만들어졌고, 사회적으로 부양해야 할 노령 인구 등의 비율도 낮았기 때문이다.

그런데 1997년 IMF 경제 위기가 오면서 상황은 많이 달라졌다. 실업자 대책이나 최저 소득자에 대한 생계비 지원과 같은 사회보장제도의 확립이 시급한 문제가 된 것이다. 경제 위기를 넘기고서도 우리나라의 경제는 이제 과거 고도성장의 시대로 되돌아가지 못하고 있다. 실업

률은 줄어들지 않은 채 빈부 격차는 더 심해지고 있다. 경제도 성장시키고 사회복지의 혜택도 늘려나가야 하는 과제를 떠안고 있는 것이다.

경제 위기 속에 들어선 김대중 정부 이래 국가 예산에서 사회보장비가 차지하는 비율이 점차 높아진 것은 어쩌면 당연한 일이었다. 노무현 정부에서는 갈수록 심해지는 빈부 격차를 해소하기 위해서 세금을 더 걷어야 한다는 주장도 제기되었다. 그러나 보수 야당의 주장은 정반대였다. 오히려 세금을 내려야 한다고 주장했다. 세금을 더 깎아서 기업이 경제활동을 좀더 자유롭게 해야 투자와 고용이 늘어난다는 것이다. 이른바 성장과 분배의 논쟁이 치열했다. 2007년 대통령 선거에서 국민들은 분배와 복지보다는 감세와 성장의 손을 들어주었다.

복지 제도의 문제점들이 지적되면서 유럽 국가들의 복지 제도가 바뀌고 있는 것은 사실이다. 일을 하려고 하지 않는 사람에게는 복지 혜택을 줄이는 것이다. 그렇다고 유럽 국가들의 사회복지 지출이 우리나라의 수준으로 낮아진 것은 아니다. 우리나라는 이른바 선진국이라고 하는 경제협력개발기구(OECD) 가입국 가운데 국가 예산에서 복지비가 차지하는 비율이 가장 낮다. 그런데도 사회복지제도의 문제점을 성토하는 주장이 너무 거세다. 그리고 국민경제 전체를 보자면 사회복지에 지출하는 국가의 예산은 그저 사라지는 돈이 아니다. 가난한 사람들에게 지불되는 돈은 결국 소비를 활성화해 경제가 활발하게 돌아가는 것으로 이어진다.

어떤 세금이 가장 많을까?

인간들은 돈벌이를 위해서 언제나 풍부한 상상력을 발휘한다. 국가도 마찬가지이다. 국가는 돈을 마련하기 위해서 여러 종류의 세금을 매긴다.

중앙정부에서 걷는 세금은 14종류, 지방정부가 걷는 세금은 17종류에 이른다. 국민들이 한 푼이라도 벌면 국가의 재정을 담당하는 부서는 반색을 한다. 그 수입에서 월급쟁이는 근로소득세를 내고, 사업을 하는 사람은 소득세를 내기 때문이다. 이중에서도 특히 월급쟁이는 달마다 받는 월급이 고스란히 드러나기 때문에 흔히 '유리 지갑'이라고 한다. 반면에 주로 현금 거래를 하는 고급 식당이나 대형 상점들은 소득이 쉽게 파악되지 않는다. 이 밖에도 의사, 변호사와 같은 전문직 종사자들의 경우도 마찬가지이다.

그러나 소득이 있다고 해서 모든 사람이 똑같은 세금을 내는 것은 아니다. 많이 버는 사람일수록 세율이 높다. 만일 국가가 지원을 해야 할 정도의 소득을 올리는 사람들은 아예 소득세가 면제된다. 소득세가 국가 수입에서 차지하는 비율은 20% 정도로 두 번째로 많다. 큰 회사들은 법인세를 내야 한다. 법인세도 소득세의 일종으로 회사의 소득에 따라 세율이 달라진다. 법인세는 국가 수입에서 세 번째로 많은 비중을 차지한다.

가장 많은 비중을 차지하는 세금은 부가가치세이다. 부가가치세는 원칙적으로 모든 상품이나 서비스를 거래할 때 부과된다. 상품은 생산과 판매 과정을 거치면서 상품의 가치가 늘어나는데, 거기에 세금을 매기는 것이다. 그러나 쌀이나 채소 같은 농산물, 책, 신문, 공연 예술 등과 같은 문화 관련 분야, 병원비와 같은 필수 분야에서는 부가가치세가 면제된다. 하지만 부가가치세는 누구나 상품을 살 때마다 내야 하는 간접세다. 가난하다고 해서 덜 내지는 않는다.

세금은 때로는 국가의 목표에 따라 규제하는 면도 있다. 예를 들어, 휘발유나 담배 등에는 소비를 억제한다는 이유로 여러 가지 명목으로 세금이 더 붙는다. 담배에 붙는 세금은 60%가 넘는다. 따라서 애연가들은 실제 담배값보다 더 많은 돈을 세금을 내기 위해 연기로 날려 보내는 셈이다. 또 휘발유에도 환경오염과 교통 혼잡 등을 이유로 60%에 이르는 높은 세금이 붙는다. 그러나 휘발유 가격이 올라도 소비량은 크게 줄어들지 않는다. 국민 누구나가 소비할 수밖에 없는 필수 소비재에 대한 간접세가 너무 많은 것이다.

지방정부가 걷는 세금을 지방세라고 한다. 땅이나 집을 소유한 사람은 재산세를 내야 한다. 또 새로 집을 사면 취득세를 내고, 자동차를 사도 해마다 세금을 낸다. 또 각종 업소에도 면허세가 부과된다.

세금이 없으면 어떻게 될까?

국민들이 전혀, 또는 거의 세금을 낼 필요가 없는 나라들도 있다. 이런 나라들을 세금 천국이라고 한다. 국민에게 세금을 내라고 요구하지 않는 이런 나라는 천국처럼 보이기 때문이다.

　　오스트리아와 스위스 사이에 있는 작은 영주국가인 리히텐슈타인 국민들은 세금을 내지 않는다. 이 나라는 국가 예산을 대부분 우표를 팔아서 번 돈으로 해결한다. 또한 스페인과 프랑스 사이의 피레네 산맥에 있는 안도라도 국민들에게 세금을 걷지 않는다. 인구 약 6만 3천 명에 달하는 이 나라의 국가 지출은 연간 8백만 명에 이르는 관광객들의 수입에 의존한다. 관광객이 사는 모든 상품 가격을 1~2% 인상된 가격으로 판매하는 것으로도 충분하다. 아랍에미리트연방국의 하나인 두바이도 석유 덕분에 세금을 내릴 수 있을 만큼 돈이 많은 나라이다. 카리브 해의 몇몇 섬나라들도 세금 천국으로 꼽힌다.

　　그러나 세계의 자본시장을 움직이는 투기 자본에게 세금 천국인 곳도 있다. 카리브 해의 영국령 섬인 케이맨 제도, 버진 아일랜드, 코스

타리카, 바하마, 말레이시아의 라부안 섬 등이 여기에 속한다. 이러한 곳에 본사를 두고 있는 회사들은 모든 세금이 면제되거나 아주 적다. 대신 회사를 등록하는 서류 비용만을 받기도 한다. 그래서 유명한 국제 투기 자본들은 이곳에 서류상으로만 회사를 설립해놓고 실제로 활동은 다른 곳에서 한다.

우리나라에 들어와 있는 국제 투기 자본들은 주로 말레이시아의 라부안에 회사를 둔 것으로 알려져 있다. 이들 투기 자본들이 지난 1997년 우리나라뿐만 아니라 아시아 여러 나라의 금융시장을 공략해 외환 위기를 일으킨 한 원인이 되었다고 한다.

이들 국제 투기 자본은 우리나라 금융시장에 들어와 막대한 이익을 남기고도 본사가 있는 국가에서만 세금을 내면 되는 이중과세 방지조약의 허점을 파고든다. 이 돈의 실제 주인들이 누구인지는 잘 밝혀져 있지 않다. 금융 거래에서 익명성이 철저하게 보장되기 때문이다. 그러나 외국 자본만이 아니라 국내 자금들이 이러한 회사를 거쳐 투기를 할 수도 있다는 점은 충분히 예측할 수 있다.

이중과세 방지조약(Tax treaty)은 국가 사이에 맺는 조세에 관한 협약을 말한다. 과세 대상에 대해 이중으로 과세하는 것을 방지하는 것이 목적이다.

국유재산과 공기업은 누구의 것일까?

국가의 주인은 국민들이다. 따라서 국유재산은 바로 우리의 것이다. 그렇다면 그중 무엇이 우리의 소유일까? 도로의 한 구역, 체육공원의 철봉대, 시립 동물원에 있는 원숭이일까?

도로, 다리, 공항, 그리고 시청, 도서관, 박물관이나 학교와 같은 건물들은 국유재산, 곧 국가의 소유물이다. 이것들은 국가가 공적인 임무를 수행하기 위해서이거나 시민을 위한 시설들이다. 국가는 공공생활이 순조롭게 이루어질 수 있도록 하기 위해서 필요한 것들을 소유하고 관리하고 유지한다. 특히 공공의 이익을 위해서 꼭 필요하지만 막대한 자본을 투자해야 하는 분야에서는 국가가 역할을 할 수밖에 없다. 우체국이나 철도, 전기, 도시가스, 수돗물 등은 대표적인 분야이다.

그런데 국가는 차츰 국가 소유의 기업들을 팔고 있다. 그렇게 해야 경영의 효율이 높아져서 이익을 낼 수 있다는 이유에서이다. 또 독점이 지속되면서 생산물이나 서비스의 품질이 떨어지거나 가격이 지나치게 오르는 일이 벌어질 수 있다고 한다. 그러나 민영화, 곧 국가 소유의 기업들을 파는 것이 과연 옳은 일인지에 대해서는 여전히 의견이 분분하다. 민간 기업의 목표는 공공의 이익을 위해 봉사하는 것이 아니라 더 많은 이익을 내는 것이기 때문이다. 전기를 독점으로 생산 공급하는 한국전력이 민

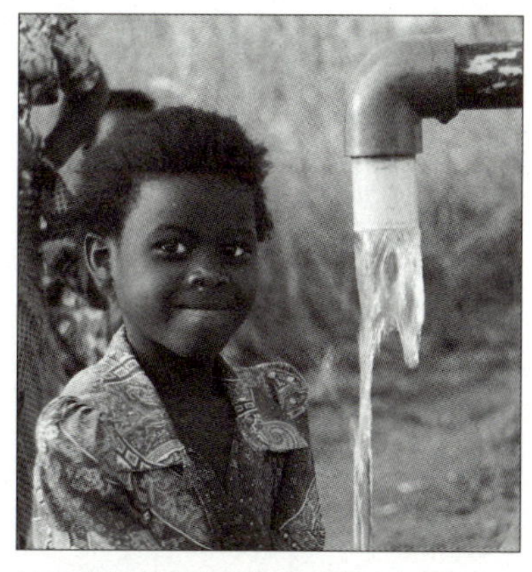

남아프리카공화국에서 상수도를 민영화하자 수돗물 값이 6배나 치솟았다.

간 기업에게 넘어갈 경우 전기요금은 오를 수 있다. 이는 일반 가정만이 아니라 산업 전반에 큰 영향을 줄 것이다. 또 철도가 누군가의 소유로 넘어갈 경우 이용객이 별로 없는 노선은 운행이 중단될지도 모른다. 이미 고속철도를 도입하면서 가격이 저렴한 많은 노선이 폐쇄되기도 했다. 남아프리카공화국에서는 상수도 사업을 민간 기업에게 넘겨준 뒤 수돗물 값이 6배나 오르기도 했다. 또 볼리비아에서는 수돗물 민영화 이후 가격 폭등으로 대통령이 사임하기도 했다.

물론 시대의 변화에 따라 민영화를 추진해야 하는 분야도 있다. 통신의 경우, 유선전화를 사용하던 시대에는 전국의 마을마다 전화회선을 가설하기 위해서는 국영기업이 운영할 수밖에 없었다. 하지만 이동통신이 발달하면서 이 분야는 이제 여러 기업이 경쟁하는 체제가 되었다. 담배 회사나 포항제철과 같은 경우에도 굳이 국가가 운영할 이유가 없는 분야가 되었다. 하지만 이러한 회사들도 민영화 이후 지

분의 60% 이상이 외국 자본의 수중으로 넘어가버렸다. 이제 이 회사
의 경영자들은 외국 주주의 이익을 위해 일해야 한다.

8장

공권력과 안보

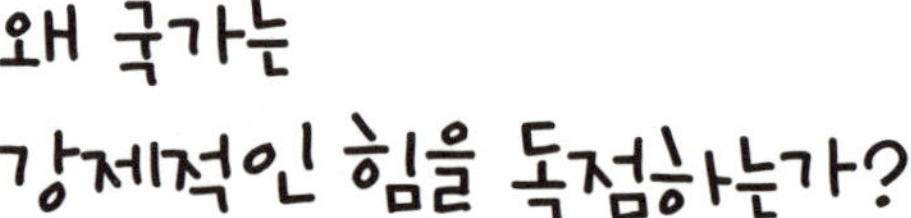

누구도 신체적인 상해를 입어서는 안 된다. 다시 말해서 누구도 다른 사람에게 폭력을 사용해서는 안 된다. 헌법이 보장한 신체의 자유이다. 단지 국가권력만이 예외적인 경우에 한해서 강제적인 방법을 동원해 사람을 구금하거나 체포할 수 있다.

만약 모든 사람이 각자 정의를 수호하고 질서를 유지하기 위해 나선다고 상상해보자. 예를 들어, 아이들이 놀이터에서 놀고 있는데 어떤 아저씨가 방해가 된다며 강제로 쫓아낸다면 어떻게 되겠는가? 평화와 질서가 아니라 서로 옳다고 시비가 붙고, 혼란이 일어날 수도 있다. 그래서 오로지 국가만이 질서를 보호할 권리를 갖는다. 즉 국가만이 강제력을 사용할 권한을 독점한다.

또한 옳고 그름에 대한 판단을 내리고 형벌에 처하는 것도 국가의 권한이다. 몇 년 전, 백범 김구 선생의 암살범이 한 시민이 휘두른 방망이에 맞아 숨을 거두었다. 많은 시민들이 그의 행위에 공감을 표명하면서 구명운동을 벌였다. 그러나 재판부는 그에게 유죄를 선고했다. 죄가 있는지를 판단하는 것도 국가의 권한이고, 유죄라 할지라도 형벌을 주는 것은 국가의 권한이기 때문이다.

국가가 강제력을 사용할 수 있는 권한은 경찰의 업무에서 잘 나타난다. 경찰은 부당한 행위를 사전에 막기도 하고, 부당한 행위를 저지른 사람을 붙잡아가기도 한다. 그래서 우리는 흔히 경찰을 '공권력'의 상징이라고 한다. 국가의 강제적인 권한은 군대를 보면 알 수 있다. 외부로부터 공격을 받을 경우, 군대가 국가를 대표해 무력을 사용한다.

물론 어쩔 수 없이 폭력이라는 수단을 사용할 수도 있다. 그러나 생명을 위협받는 아주 위급한 경우에만 해당된다. 폭력 이외에는 그 어떤 방법으로도 자신을 보호할 수 없을 때, 즉 정당방위를 위해서는 허용된다. 그리고 범행 현장에서 곧바로 범인을 제압해야 할 때도 해당된다. 그러나 그런 다음에도 그 행위가 과연 정당방위에 해당했는지 여부를 법정에서 심판을 받아야 한다.

경찰은 민중의 지팡이인가?

경찰의 임무는 정의를 수호하고 나라의 치안을 책임지는 것이다. 그래서 흔히 경찰을 '민중의 지팡이'라고 한다. 장애인과 노인에게 지팡이가 꼭 필요한 것처럼 국민들에게 경찰은 지팡이 같은 존재이다.

만일 경찰이 의심스러운 사람을 경찰서로 데리고 갈 때에는 반드시 본인의 동의를 얻어야 한다. 또 불리한 진술을 강요해서도 안 된다. 명확한 증거 없이 시민을 범죄자로 취급해서는 안 되기 때문이다.

그러나 과거 우리나라 경찰은 친절한 지팡이보다는 민중을 향해 휘두르는 몽둥이 역할을 더 많이 했다. 그래서 지금도 경찰이 나타나면 사람들 대부분은 혹시 '내가 뭘 잘못 했나'라고 생각한다. 오랫동안 경찰관은 국가권력 그 자체를 상징하는 존재였다. 이는 일제의 경찰이 식민지 지배와 수탈의 앞잡이이자 상징이었던 데서 비롯된다. 일제의 경찰제도와 그 인맥들은 미군정과 새로 수립된 정부에서 과거의 경력을 인정받아 경찰 조직의 우두머리로 살아남았다. 이들은 특히 좌익 탄압을 명분으로 어떤 행정기관보다 빠르게 조직을 전국으로 확대할 수 있었다.

그리고 잘 갖춰진 중앙집권적 명령 체계와 경찰 고유의 강제력은 곧 독재 권력에게 더 없이 좋은 무기가 되었다. 사회의 모든 분야에서 국민을 감시하고 통제하는 역할을 하는 데에는 경찰만한 조직이 없었기 때문이다. 국민들의 민주화 요구를 억누르고 독재 정권을 수호하는 데 경찰은 일등공신이었다. 권력자의 총애를 받으며 성장한 경찰은 범죄 수사 등과 같은 업무에서 민주성과 공정성을 갖추는 데는 무관심했다. 제대로 된 법 절차를 거치지 않고 연행을 해서 구타와 고문으로 자백을 받는 관행이 오랫동안 이어졌다.

정치적 민주화는 경찰에게도 많은 변화를 요구했다. 최루탄과 같은 시위 진압 장비는 사라졌다. 또한 정권 보호를 위해 정치 사찰 등에 많은 인원과 돈을 들이던 관행을 바꾸어야 했다. 불법 연행이나 구타와 고문도 없어졌다. 그러나 여전히 정치적 중립성을 지키고, 업무의 민주성과 공정성을 실현할 수 있는 제도를 확립하지 못하고 있다. 그래서 현재도 여전히 잘못된 수사로 피해자가 생겨나고 있다.

지금의 경찰 제도를 국가경찰과 지방의 자치 경찰로 분리하자는 주장도 있다. 자치 경찰은 지방자치제에 따라 시·도지사 등이 지휘하는 경찰이다. 시민의 참여와 시민의 필요에 따른 경찰 업무가 요구되고 있기 때문이다.

언제 국가가 국민의 자유를 제한할 수 있을까?

자유권은 모든 사람에게 해당되는 가장 중요한 헌법상의 기본권이다. 국가는 아주 예외적인 경우에 한해서 사람들의 자유를 제한할 수 있다. 즉 모든 사람의 안전이 위협받는 경우로 한정해야 한다.

사람이 자유롭게 움직이고, 가고 싶은 곳에 갈 수 있고, 자기가 좋아하는 곳에 살 수 있는 자유를 막는 것은 폭력적인 억압만큼이나 타인의 삶에 영향을 끼치는 무겁고 광범위한 간섭 가운데 하나이다. 누구도 이러한 자유를 제한할 수는 없다. 원칙대로라면 국가도 그럴 수 없다. 범죄자라 할지라도 재판관이 판결에 따라서만 감금할 수 있다. 범죄 혐의자로 체포되어도 재판관의 결정이 없으면 48시간까지만 구금할 수 있다.

이러한 자유권의 제한은 나라가 비상사태일 경우에만 가능하다. 예를 들어, 전쟁이나 반란과 같은 위기 사태 그리고 천재지변과 같은 재앙이 일어났을 경우에만 국가는 자유권을 제한할 수 있다. 이를 대비해 헌법은 대통령의 긴급명령 및 긴급 처분, 계엄령 선포 등을 규정하고 있다. 이러한 명령은 법률적 효력을 인정받는다. 만일 대홍수가 일어났을 경우에 국가는 주민을 대피하게 하고, 그 지역을 완전히 차단할 수 있다. 또 전쟁이 일어날 경우 사람들을 징집하거나 국가를 위해 일하게 할 수도 있다.

그러나 우리나라에서 이러한 용어들은 군사독재의 망령을 떠올리게 한다. 특히 유신헌법은 대통령에게 가장 포괄적이고 강력한 '긴급조치권'을 부여했다. 유신을 반대하는 사람의 죄목은 대부분 '긴급조치 위반'이었다. 마지막으로 계엄령이 내려진 것은 1980년 5월 18일이다. 국민들의 민주화 요구를 짓밟고 군대가 전국의 대학과 공공기관에 진주했고, 광주에서 학살이 자행되었다.

현행 헌법에서 대통령이 긴급명령권을 발동할 수 있는 조건은 조금 엄격해졌다. 그러나 여전히 그 범위가 포괄적이다. 1993년에는 '금융실명제'를 실시하기 위해 모든 금융거래에 실명 사용을 의무화하는 대통령의 긴급재정명령이 내려진 적이 있다.

왜 개인정보 보호가 중요한가?

이동통신 기술이 발달하면서 이제는 휴대전화 위치 추적 서비스를 이용하면 사람들이 어디에 있는지를 알 수 있다. 어떤 사람이 자주 접속하는 인터넷 주소를 뒤져보면 그 사람이 무엇을 선호하는지를 알아낼 수도 있다. 그러나 그것은 극히 제한된 목적으로만 이용되어야 한다.

행정 당국, 학교, 병원, 은행 등은 업무상 필요하기 때문에 사람들의 정보를 보관해둔다. 의사는 환자가 과거에 어떠한 병에 걸렸는지, 알아야 환자를 진료할 수 있다. 은행은 고객이 빌려간 돈을 제때 갚을 수 있는지 없는지 알고 있다. 그러나 개인 정보를 외부에 함부로 유출해서는 안 된다. 특히 경찰이나 검찰과 같은 수사기관에게 함부로 공개해서는 안 된다.

많은 기관이나 회사, 단체들은 개인 정보를 무단으로 사용하고 싶어 한다. 하지만 이를 막을 수 있는 포괄적인 법안은 아직 마련되어 있지 않다. 아직도 판사의 허락을 받지 않고 개인의 금융거래 정보를 무단으로 빼내서 수사에 활용한다는 이야기도 많이 나온다. 또한 개인의 신상 정보가 공공연하게 거래되기도 한다. 사람들의 신상 정보는 이를 이용해 무엇인가를 판매하려는 사람들에게 또는 맞춤 광고나 홍보를 하는 데 큰 도움이 되기 때문이다.

특히 인터넷과 같은 의사소통 수단 기술들은 정보를 보호하려는 사람들에게 걱정을 안겨주고 있다. 기술이 발전하는 속도가 워낙 빨라서 법을 만드는 사람이나 방어 기술이 그것을 따라갈 수 없기 때문이다. 하지만 효율성을 중시하는 사람들은 이러한 정보들을 쉽게 이용하고 싶어한다. 학생들의 모든 정보를 데이터베이스로 만들려는 시도가 그 예이다.

그래서 이러한 일들이 올바른 목적을 위해 필요하다 할지라도 동의를 받아야 한다. 모든 시민은 국가가 자기에 대해서 어떤 자료를 저장하고 있는지 알 권리가 있기 때문이다. 우리나라는 세계에서도 거의 유일하게 주민등록증을 발급할 때 열 손가락의 지문을 찍어야 하는 나라이다. 그러나 이 지문을 찍는 제도도 사실은 국민을 잠재적 범죄자로 보는 시각에서 출발했다. 따라서 이러한 제도가 인권침해라는 비판도 끊이지 않고 있다.

비밀 정보기관은 무슨 일을 할까?

영화 속에 나오는 비밀 첩보원은 뛰어난 속임수와 첨단 무기를 동원해 적을 물리친다. 물론 현실에서 정보기관 요원들도 로켓 배낭이나 단추만 누르면 최첨단 무기로 변하는 스포츠카는 없지만, 비밀 업무를 수행한다.

정보기관 요원은 다른 사람의 전화를 도청하고, 사람들을 미행하고, 비밀리에 편지를 가로채 읽을지도 모른다. 그들의 임무가 국가의 대내외적인 안전 보장을 위해 정치, 군사, 경제, 기술, 과학계의 정보를 수집하는 것이기 때문이다. 하지만 그들이 수행하는 임무의 목표가 어떤 것인지는 좀더 생각해봐야 할 문제이다.

현재 국가정보원이라고 부르는 기관은 5·16쿠데타 직후 쿠데타 세력의 정권을 창출하기 위해 만들어졌다. 이 조직이 맨 처음 한 일은 주가 조작과 자동차 수입으로 불법 자금을 만들어 공화당을 만든 것이었다. 이후 박정희 정권 내내 대부분의 국가기관, 정당, 기업, 언론 등을 감시하고 통제했다. 또한 독재 정권을 유지하기 위해 불법 납치, 감금,

국가정보원은 5·16쿠데타 직후 '중앙정보부'로 창설되었고, 1981년 5공화국 출범 당시 '국가안전기획부'로 이름을 바꾸었다. 1999년 1월 '국가정보원'으로 다시 이름을 바꾸었다.

고문, 살해, 간첩 조작 등 온갖 불법 행위를 저질렀다.

1979년 12월 12일 일어난 군사 쿠데타는 전두환이 사령관으로 있던 보안사령부가 주도했다. 전두환은 중앙정보부까지 장악함으로써 정보기관 두 곳을 한손에 움켜쥐고 정권을 잡는 데 성공할 수 있었다. 중앙정보부가 국가안전기획부로 이름이 바뀌었지만, 정보기관 두 곳이 서로 충성 경쟁을 하면서 정치에 더욱 극심하게 관여했다.

김영삼 정부 들어 국회에 정보위원회가 설치되면서 아주 부분적으로 국회의 감시가 시작되었다. 하지만 방대한 조직이 수집해오는 비밀 정보의 힘을 집권자가 국내 정치에 이용하고 싶어했기 때문에 개혁은 이루어질 수 없었다. 김대중 정부 들어 국가정보원으로 바뀌면서 국내 정치 관여 금지 등의 항목이 추가되었다. 하지만 여전히 주요 인사들을 도청하고 있다는 사실이 밝혀지기도 했다. 그래서 아예 내국인에 대한 수사권을 폐지해야 한다는 주장도 강하게 제기되고 있다.

군대는 왜 생겼을까?

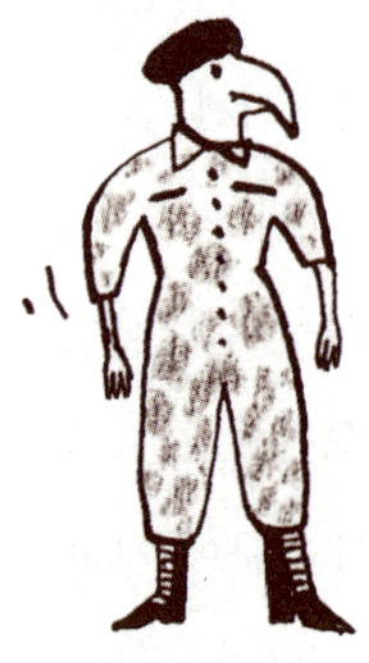

대한민국의 건강한 성인 남성은 누구나 군대에 가야 한다. 군대는 국가의 자유와 독립을 보전하고, 국토를 방위하며, 국민의 재산과 생명을 지키고, 나아가 국제평화를 유지하는 것이 목표이다.

군대의 공식 명칭은 '국군'이다. 즉 국민의 군대라는 뜻이다. 현재의 군대는 1946년 미군정이 창설한 '남조선국방경비대'에 그 뿌리를 두고 있다. 이를 위해 1945년 12월, 미군정은 군대의 지휘관을 양성하기 위한 학교를 세웠다. 그런데 그들은 대부분 과거 일본군과 일본의 괴뢰 국가인 만주국 군대 출신의 장교들이었다. 이들이 주축이 된 군대는 미군정 아래에서 좌익 세력을 토벌하는 작전을 통해 조직을 빠르게 확대할 수 있었다.

1948년, 대한민국 정부가 수립되면서 조선경비대는 육해공군의 체계를 갖춘 '국군'으로 조직을 확대했다. 곧이어 터진 6·25전쟁은 군대가 이 땅에서 가장 힘 있고 영향력이 있는 집단이 된 중요한 계기가 되었다. 그러나 수많은 희생을 치렀지만 전쟁은 끝나지 않은 채 휴전 상태로 남아 있게 되었다. 따라서 전쟁 이후에도 군비의 증강은 불가피했다. 그러나 곧 일부 정치군인들은 잘못된 야망을 키웠다. 1961년 5월 16일, 군부는 박정희를 중심으로 한 군사쿠데타로 정권을 잡은 뒤 30년에 걸쳐 권력의 요직을 독점하면서 국민의 기본권을 유린하고 민주주의를 후퇴시켰다. 자유민주주의를 수호해야 할 국민의 군대가 몇몇 정치군인들의 군대로 전락하고 만 것이다.

　1990년대에 들어 독재자의 후광을 업고 특정한 '사조직'에 속해 출세 가도를 달리던 정치군인들은 대거 물러나야 했다. 군대 내의 사조직이 공식적인 지휘 계통의 명령을 무시하면서 쿠데타에 병력을 동원하고 특권을 등에 업고 출세했기 때문이다. 그러나 오랜 군사 정권의 영향으로 군대가 민주화된 정부의 통제에 완전히 따르기까지는 좀 더 시간이 필요할 것이다. 아직도 군의 고위 지휘관들은 민간인 출신이 국방부장관을 맡는 것을 거부하는 분위기이다.

왜 남자에게만 병역의 의무가 있을가?

군대는 참정권을 제외하고 시민의 권리가 대부분 제한받는 곳이다. 이것은 군대의 특성상 당연한 측면도 있다. 그렇다고 해서 군대가 사람을 함부로 대해도 괜찮다는 것은 아니다. 때로는 군대 조직의 비합리성을 잘 견디지 못하는 사람도 있기 때문이다.

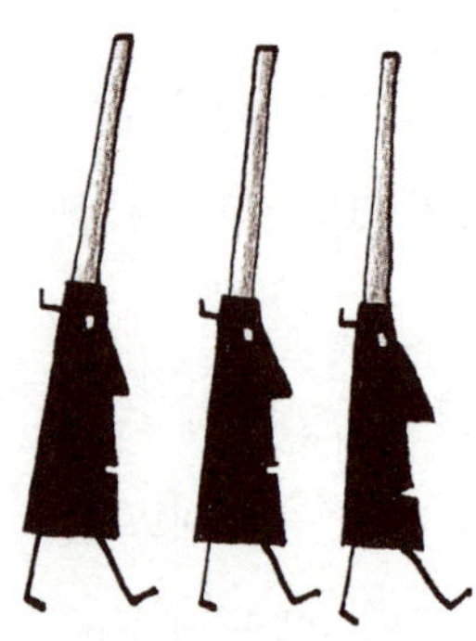

우리나라는 일정한 조건이 되는 남자는 모두 의무적으로 군대에 가야 하는 징병제를 실시하고 있다. 만 20세 이상의 신체가 건강한 모든 남성에게 병역의 의무가 있다. 그런데 우리나라 군대는 구타와 기합, 그리고 인권 유린이 심한 곳이라는 이미지를 벗지 못하고 있다. 군에서 잘못된 점을 개선하겠다고 약속을 하지만, 아직도 이러한 행위로 인해 때로는 끔찍한 사고가 일어나기도 한다.

일부에서는 스스로 군대 가기를 원하고 적성에 맞는 사람들만 군대에 보내는 모병제를 실시해야 한다는 주장을 하기도 한다. 그러나 모병제로는 현재와 같이 많은 병력을 유지하기 어렵다. 모병제 군인에게는 현재 군인보다 훨씬 많은 월급을 주어야 하기 때문이다. 즉 현재 징병제가 적은 돈으로 필요한 만큼의 군대를 유지할 수 있는 방법인 셈이다.

현재의 군복무 기간은 육군 24개월, 해군 26개월, 공군 28개월, 공익근무요원 26개월이다. 법에는 30개월로 되어 있지만, 이 기간을 대통령이 1년 이내에서 줄이거나 늘릴 수 있기 때문에 서로 다른 것이다. 병역의 의무는 30세가 되기 전까지 마쳐야 한다. 그리고 군대를 마치면 8년 동안 예비군으로 편성된다. 예비군이란 비상시에 군인으로 소집되어 군인으로 복무할 수 있다는 것을 의미한다.

여성에게 병역의 의무를 부과하지 않는 것은 당연시되었다. 상대적으로 남성에 비해 체력 조건이 나쁜 여성이 군대에 갈 이유가 없었기 때문이다. 또 여성들은 출산을 해야 하고, 생명을 잉태하는 사람이 생명을 해치는 일을 해서는 안 되기 때문이다. 그런데 군대를 마친 남성이 취직할 때 주는 혜택들이 없어지면서 논란이 일었다. 상대적으로 남성이 불리하다는 것이다. 그러나 그렇다고 해서 여성까지 군대에 보내 군대를 더 늘릴 필요는 없다. 한반도는 이미 세계에서 인구 대비 군인 수가 가장 많다.

양심과 종교적 신념에 따라 군대에 가지 않을 수도 있을까?

누구도 살인 또는 살인을 위한 훈련을 강요받을 수는 없다. 그런데 군인은 비상시 사람을 향해 총을 쏴야 한다. 국가가 이를 강요할 수 있는가?

양심의 자유, 또는 종교적 신념에 따라 군복무를 거부하는 사람들이 해마다 몇 백 명에 달한다. 그러나 이들을 위한 제도는 없다.

몇 해 전 양심의 자유에 따라 군대에 가는 대신 대체 복무를 요구한 한 젊은이가 소송을 내기 전까지 우리 사회는 이 문제에 관심을 기울이지 않았다. 그러나 사실 이 문제는 수십 년 동안 계속 되어온 문제이다. 특정 종교를 믿는 사람들이 그 종교의 교리에 따라 총을 들어서는 안 된다는 이유로 병역을 거부해왔던 것이다. 이들의 주장은 생명을 죽이는 것을 전제로 하는 군대에 가는 대신 사회의 공익 활동을 하면서 의무를 이행하겠다는 것이다. 사실 전쟁과 같은 비상시에 무기를 손에 들지 않겠다는 사람을 군인으로 훈련시키는 것은 의미가 없다.

이 소송이 벌어지자 많은 사람들의 관심이 집중되었다. 국가인권위

원회는 누구나 군대에 가야 하는 제도가 종교와 양심의
자유에 위배된다며 국회에 법을 개정할 것을 권고했다.
그리고 서구에서는 이미 오래전부터 대체 복무 제도가
인정되고 있고, 유엔의 양심적 병역 거부권 권고와 결의
안이 소개되기도 했다. 그러나 헌법재판소는 남북의 대치 상황을 이
유로 국방의 의무를 강조하며, 대체 복무 제도를 인정하지 않았다. 이
판결은 재판부의 법철학에 대해 많은 논란을 불러일으켰다.

현재 병역을 거부해 감옥을 선택하는 젊은이는 해마다 7~8백 명
에 달하고 있다. 이들은 파렴치한 전과자로 낙인 찍혀서 사회 활동을
할 때 심각하게 권리의 제약을 받는다. 직장에 취직하기도 쉽지 않다.
재판부의 판결은 이러한 면에서도 비판을 받았다. 소수자의 권익 보
호 문제를 깊이 고민하지 않았기 때문이다. 사실 소수자를 배려하는
문제는 민주주의가 얼마나 잘 실현되고 있는가를 드러내는 척도이다.
소수자라고 해서 권리를 무시당해도 괜찮은 것은 아니다.

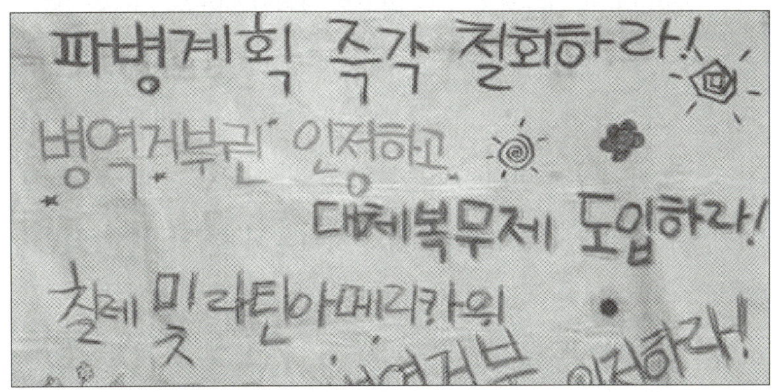

대체 복무제가 없는 한국에서는 병역을 거부하면 감옥에 가야 한다.

왜 우리나라 군인들이 외국에 나갈까?

한국군은 우리나라를 방어해야 한다. 그런데 이라크 파병처럼 우리나라 군대가 다른 나라에 파견되기도 한다. 대한민국 헌법은 다른 나라를 침략하는 것을 허용하지 않으면서 한편으로는 국제평화에 이바지할 것을 요구하고 있다. 결국 문제는 한국군이 외국에서 하는 일이 평화를 위한 일인가 하는 것이다.

군대를 다른 나라에 파병하기 위해서는 반드시 국회의 동의를 얻어야 한다. 군대를 파병하는 것이 자칫 큰 전쟁으로 번질 수도 있는 중대한 문제인 데다가 파병하는 목적이 헌법에 위배되지 않아야 하기 때문이다. 우리나라가 지금까지 전투 병력을 파견한 나라는 베트남, 동티모르, 이라크 등 세 곳이다. 그때마다 파병 문제로 논란이 많았다.

베트남전쟁은 한국전쟁 이후 처음으로 한국군이 참여한 전쟁이었다. 국민들이 대부분 반대했지만 한국전쟁이 일어났을 때 군대를 보낸 미국의 요구를 거부하기 어렵다는 이유로 파병했다. 또한 외화를 버는 것도 중요한 목표가 되었다. 이 전쟁에 우리나라는 미국 다음으로 많은 연인원 30만 명을 보냈다. 그리고 전사자가 5천 명 이상 되었다. 하지만 배트남전쟁은 미국 내에서뿐만 아니라 전 세계가 비난하는 전쟁이었다. 베트남전쟁은 남베트남에서 일어난 내전이었기 때문에 수많은 민간인들이 학살되었다. 베트남전쟁의 후유증으로 한동안 외국 파병 문제는 거론되지 않았다.

그러다가 1991년 걸프전이 터지면서 다시 파병을 하기 시작했다. 이후 파병은 유엔 평화유지군의 일원으로, 또는 국제사회에서의 역할이라는 명목을 내세웠지만 실상은 미국의 요구에 따른 것이었다. 동티모르 파병은 유엔 평화유지군의 일원으로 참가해 인도네시아 계열 민병대가 양민을 학살하는 것을 막기 위해서였다. 또한 이라크 파병은 국민 대다수가 반대했다. 미국은 이라크를 테러 지원국으로 규정해 후세인 정권을 무너뜨렸지만, 이라크에서 대량 살상 무기는 찾아내지 못했다. 미국이 이라크에 친미정권을 세우기 위해 전쟁을 벌인 것이다. 우리나라는 전후 복구 지원이라는 이유를 들어 이라크에 대규모 부대를 파견했다.

한미상호방위조약이란 무엇일까?

한국전쟁에서 수많은 사람들이 목숨을 잃었다. 한반도
는 폐허가 되었고, 마침내 정전협정을 맺어 휴전 상태로
들어갔다. 그리고 동시에 한국과 미국 사이에는 상호방
위조약이 체결되었다. 이후 미군은 한국에서 특별한 지
위를 누리고 있다.

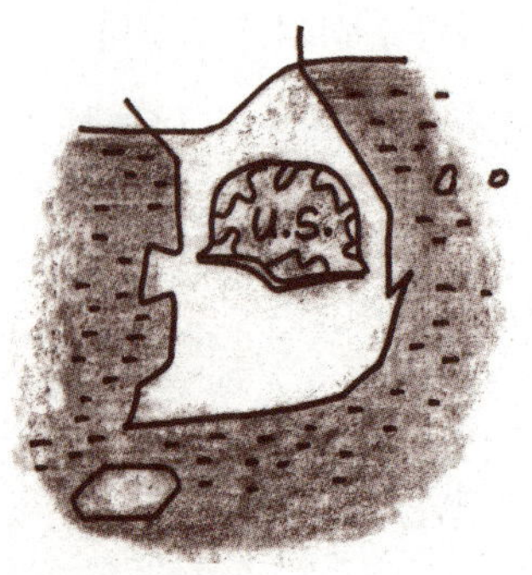

1945년 8월 9일, 미군은 남한에 진주해 군정을 실시했다. 한때 7만
명에 달했던 주한 미군은 남한에 정부가 수립되자 1949년 6월에 군사
고문단 500여 명을 남기고 철수했다. 그러나 한국전쟁이 일어나자 남
한 정부는 곧 미국의 지원을 요청했다. 전쟁은 병력이나 무기 면에서
압도적으로 우위였던 미군이 주도했다. 한국은 미군에게 한국군의 작
전 지휘와 통제권을 넘기고 유엔군의 일원으로 전쟁을 수행했다.

전쟁이 끝나고 나서도 한미상호방위조약에 따라 미군
은 유엔 군사령부라는 이름으로 남한에 계속 주둔하면서
방위를 책임지게 되었다. 남한 정부는 미국의 군수 지원
을 요구했고, 그 대신 전쟁 당시에 미군에게 이양된 한국
군에 대한 작전 통제권을 계속 미군이 행사하도록 허락했

206

다. 이후 주한 미군은 1957년까지 약 7만 명 정도가 유지되었다. 1957년부터는 일본에 배치한 핵무기를 한반도로 옮겨오기 시작했다. 1964년, 중국이 핵실험에 성공하자 주한 미군은 다양한 종류의 핵무기를 들여와 휴전선 인근에까지 배치했다.

1970년대에 들어 동서 진영의 긴장이 완화되기 시작하면서 주한 미군은 일부 감축되었다. 핵무기도 후방에 배치했다. 1970년대 중반부터는 유신 정권의 반인권 정책, 한국 정부의 미국 로비 사건, 한국의 단독 핵 개발 등이 문제가 되면서 카터 행정부는 주한 미군을 철수할 계획을 세웠다. 그러나 한국과 일본, 미국 내부의 반대로 실현되지 않았다. 이 무렵 유엔에서 공산권 나라들이 제출한 '유엔군 사령부 해체' 결의안이 통과되었다. 이에 1979년 한국과 미국은 유엔군 사령부의 작전 통제권을 계승한 한미연합사령부를 만들어, 유엔군 사령관이 한미연합사령관을 겸하도록 했다.

1980년대에 들어서면서 한국에서 주한 미군과 미국의 역할에 대해 처음으로 문제를 제기하기 시작했다. 1980년 5월 18일에 광주에서 군인들이 수많은 시민들을 학살할 때 한국군의 병력 이동을 미군이 승인했다는 문제가 제기된 것이다. 작전 통제권이 미군에게 있고, 미국이 사전에 이를 파악할 수 있는 상황이었기 때문이다. 이는 전쟁 이후 최초로 일부 민주화 운동 세력의 반미 주장과 행동으로 나타났다. 이러한 문제 제기는 한국과 미국의 관계가 과연 대등한가라는 문제의식을 던졌다.

1990년대에 들어서는 주한 미군이 저지른 범죄를 다룰 때 적용되는

용산 미군 기지.

'주둔군 지위 협정'이 불공평하기 때문에 개정해야 한다는 목소리가 높았다. 그리고 1980년대 말부터 1990년대 초에 걸쳐 진행된 소련과 공산권 국가들의 몰락은 한국 사회에서 한미군사동맹이 공동의 적으로 규정하고 있는 적군의 개념을 혼란스럽게 만들었다. 냉전 체제는 사라졌고, 독일의 통일을 지켜보면서 언젠가는 한반도의 통일도 가능할 것이라는 생각이 한국 사회에 자리잡기 시작한 것이다. 또한 북한이 계속 경제난을 겪어 남북 간 경제력의 격차도 점차 명확하게 드러나고 있는 상황이었다. 이에 따라 북한을 고립시키고 압박하는 정책보다는 개혁과 개방을 유도해야 한다는 목소리가 힘을 갖게 되었다. 이는 김대중 대통령의 역사적인 평양 방문으로 한층 가시화되었다.

미국 내에서도 주한 미군의 역할이 변화해야 한다는 주장이 나오기 시작했다. 주한 미군을 한국의 방위를 위해서가 아니라 동북아시아 전체에서 미국의 이익을 지키기 위한, 또는 향후 미국의 가장 잠재적인 경쟁국인 중국에 대항하기 위한 군대로서 성격을 규정하기 시작한 것이다. 이는 주한 미군의 용산기지 반환 요청과 맞물려 미군 기지를 평택으로 이전하는 결정으로 이어졌다. 그리고 노무현 정부에서 전시 작전 통제권 환수 문제 등이 본격적인 의제로 등장하기 시작했다.

# 냉전은 끝났을까?

냉전이란 '차가운 전쟁'이란 뜻이다. 무기를 사용하지 않는, 즉 피를 흘리지 않는 전쟁을 말한다.

　냉전과 반대로 무기를 들고 피를 흘리며 싸우는 전쟁을 '열전'이라고 한다. 보통 이 말은 제2차 세계대전이 끝나고 서구의 자유 진영과 공산 진영 간의 대립 체제를 나타내는 말로 사용되었다. 이를 보통 동서냉전이라고도 한다. 유럽 동쪽의 공산주의 국가들과 그 배후인 초강대국 소련, 그리고 유럽 서쪽의 자본주의 국가들과 그 배후인 미국 사이의 대립을 의미했기 때문이다.

　냉전은 두 이데올로기, 곧 동구의 공산주의와 서구의 자본주의라는 사회 이념이 충돌한 것이었다. 미국 등 서방 진영은 공산주의 국가를 위험한 존재로 여겼다. 그리고 동구권은 1949년까지는 미국만이 핵무기를 갖고 있었기 때문에 미국에 위협을 느꼈다.

　냉전은 무기 없는 전쟁이었지만 폭발적인 군비 확장 경쟁을 불러일으켰다. 양 진영은 계속 새로운 무기를 개발하고 제작해 상대방을 위협했다. 특히 미국과 소련은 핵무기 경쟁을 벌이면서 다른 나라들을 자기편으로 끌어들였다.

이러한 양 진영의 대립은 한국에서는 남북한에 각각 진주한 미군과 소련군의 군정 형태로 최초로 가시화되었다. 그리고 이 냉전의 중심국들이 최초로 주변국에서 대리 '열전'을 벌인 것이 바로 한국전쟁이었다. 1958~1975년의 베트남전쟁, 1962년의 쿠바 위기, 1979~1987년의 아프가니스탄전쟁도 바로 초강대국들의 대리 전쟁이었다.

냉전 체제는 소련의 대통령 고르바초프가 추진한 글라스노스트(개방)와 페레스트로이카(개혁) 정책으로 동구 공산주의 국가들이 붕괴되면서 끝났다. 나머지 주요 공산 국가인 중국이나 베트남은 공산당 정권을 유지하면서 경제 체제는 개혁과 개방의 길로 나아갔다.

아직도 여전히 냉전이 계속되고 있는 곳이 바로 한반도이다. 북한은 미국의 군사적 위협을 받고 있고, 중국과 러시아도 미국 세력이 북한에까지 미치는 것을 원하지 않는다. 그렇다고 북한 정권이 고립되어 붕괴되지는 않을 것이다. 우리나라는 냉전의 최초이자 최후의 피해자인 셈이다.

전 세계에서 핵무기를 보유한 나라는 8개국이다. 미국, 러시아, 프랑스, 중국, 영국 등 5개국은 핵무기 보유국으로 공식 인정받았다. 이들 다섯 나라는 새로운 핵보유국이 생기는 것을 막기 위해 국제원자력기구를 창설했다.

전쟁에도 법률이 적용될까?

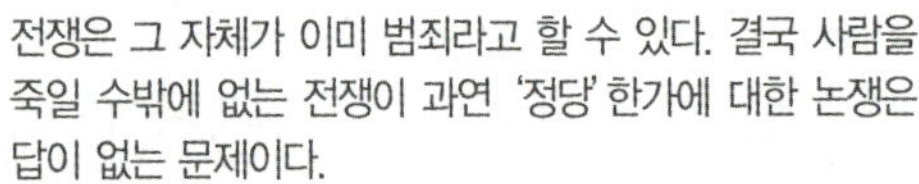

전쟁은 그 자체가 이미 범죄라고 할 수 있다. 결국 사람을 죽일 수밖에 없는 전쟁이 과연 '정당'한가에 대한 논쟁은 답이 없는 문제이다.

전 세계 사람들은 최소한 전쟁에도 규칙이 있어야 한다는 사실에 대해서는 동의한다. 그러나 사실 유엔헌장 제2조는 전쟁을 금지하고 있다. 전쟁을 금지하지 않는 단 한 가지 예외는 공격을 당한 나라의 사람들은 자신을 보호할 권리가 있다는 것이다. 그런데 문제는 전쟁을 먼저 시작한 쪽은 항상 적이 먼저 위협했다고 주장한다는 것이다. 이라크 전쟁에서 볼 수 있듯이, 사실 유엔의 전쟁금지 조항은 효력 없는 조항일 때가 많다. 다만 적어도 인간성을 실현하고자 하는 노력의 일환이라고 할 수는 있을 것이다. 다시 말해서, 지구 공동체를 향해 무기가 아닌 다른 방법으로 갈등을 해결하자는 호소인 셈이다.

전시국제법의 최고 규범은 공격은 군인만을 대상으로 해야 하고 절대로 민간인을 향해서는 안 된다는 것이다. 물론 군사적 목표가 아니라 우연히 민간인이나 거주지에 포탄이 떨어져서 발생하는 이른바 부수적 피해는 어쩔 수가 없다.

독가스나 병원균과 같은 화생방 무기는 원칙적으로 금지되어 있다. 그런데도 많은 나라들이 화학, 생물학, 방사능 무기를 개발해서 보유하고 있다. 적국이 먼저 화생방 무기를 사용했을 경우에는 허용된다는 것이 이유다.

'맹목적인 무기'도 금지되어 있다. 이는 어느 한 지역을 전면적으로 파괴하는, 곧 군사적 목표가 아니라 민간 시설까지도 모두 파괴하는 무기를 말한다. 대표적인 것이 핵무기이다. 원자폭탄의 치명적인 방사선 위험은 거의 무한할 정도이다. 하지만 극단적인 경우, 다시 말해서 한 나라의 자위를 위해서 다른 방법이 없을 경우에는 원자폭탄을 사용하는 것이 허용된다.

전 세계 대부분의 국가들은 제네바협약에 가입해 있다. 가입했다는 것은 곧 합의하고 동의했다는 의미이다. 제네바협약은 전쟁 상황에서 민간인, 부상자, 전쟁 포로, 피난민을 우선으로 보호한다는 국제적인 약속이다. 제1차 제네바협정은 국제 적십자사가 결성된 직후인 1864년에 체결되었고, 이후 계속 협약 내용들이 추가되었다. 최초의 협정은 전쟁터에서도 부상자나 질병에 걸린 군인은 국적을 가리지 않고 보호하고 치료해주며, 이들을 구호하는 적십자 활동을 보장하는 것이 주요 내용이었다. 이어서 1899년에는 해전에 관한 협약이 추가되었고, 1929년에는 전쟁 포로에 관한 협약, 1949년에는 피난민과 민간인 보호를 위한 협약

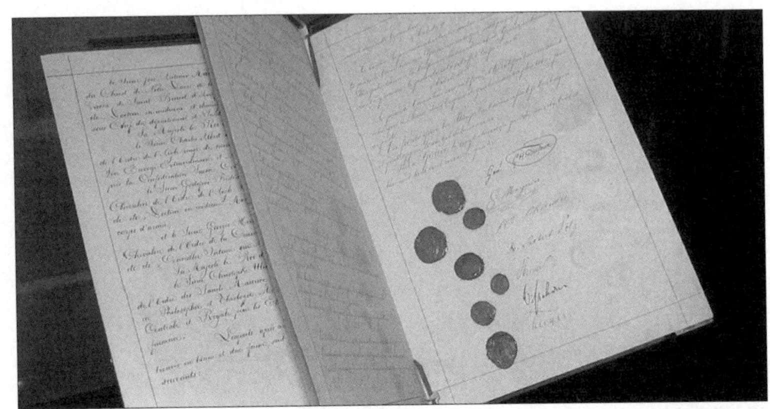

제네바 협정 선언문.

이 추가되었다. 그리고 이후 일어난 전쟁을 경험하면서 부족한 부분
들을 추가한 의정서들이 채택되었다.

9장

국제 외교

외교란 무엇일까?

우리가 외국에 가서 공부를 하고, 세계 여러 나라들을 돌아
다닐 수 있는 것은 외교 정책 덕분이다. 우리나라가 그 나
라들과 조약을 맺었기 때문이다. 그 조약은 또한 상호적이
다. 그래서 그들도 우리나라에 와서 살 수 있다.

정부는 외교 정책을 통해서 다른 나라들과 우호 관계를 다진다. 협
상을 진행하고, 조약을 체결하며, 그 나라의 대표를 초대하거나 우리
의 대표를 다른 나라에 파견한다. 이렇게 방문을 하고 회담을 벌이면
서 정부는 우리의 정책을 이해시키고, 한국의 문화와 경제를 그 나라
에 널리 알리려고 노력한다.

그러한 업무를 주로 담당하는 곳이 외교통상부이다.
하지만 경제 관련 부처나 교통이나 보건 담당 부처, 또는
그 밖의 여러 부처의 담당자들도 세계를 돌아다닌다. 어
떤 사람은 국내 회사와 외국 회사들 간에 교역을 늘리기
위해서, 또 어떤 사람은 외국의 여러 도시들이 어떻게 교통 문제를 해
결하는지, 또는 다른 나라의 보건 정책은 어떤지를 살펴보기 위해서

통일 안보 외교, 경제 통상
외교, 문화 외교 등과 같은
용어는 우리나라가 처한 현
실에서 외교 정책을 통해 추
구해야 할 기본적인 가치와
목표들을 나타낸다.

216

외국을 방문한다.

또 가난한 나라에 원조를 제공하는 것도 외교 정책의 한 부분이다. 대외 원조는 인도주의적인 동기에서 이루어진다. 하지만 저개발 국가의 경제와 사회 발전을 지원함으로써 향후 새로운 무역 상대국을 개척한다는 의미도 있다. 우리나라는 아직 경제 규모에 비해 해외 원조를 많이 하지 않은 나라로 손꼽힌다. 그래서 당장은 이해관계가 없는 나라들에게 무상 원조를 더 많이 하라고 국제사회가 요구하고 있다.

2007년 현재 세계 190여 개 나라 가운데 우리나라와 국교를 맺지 않고 있는 나라는 쿠바, 시리아, 마케도니아, 모나코 등 네 나라다. 이 중에서 모나코를 제외한 세 나라는 북한과 국교를 맺고 있다. 쿠바는 공산화 이후 국교가 단절되었고, 시리아는 북한과 오랜 동맹국이어서 우리나라와 국교 수립을 꺼린다. 마케도니아는 그리스와 대립 때문에 수교가 늦어지고 있다. 이 밖에도 북한, 대만, 팔레스타인 등은 정부가 공식적인 국가로 인정하지 않는 나라들이다.

외교관은 무슨 일을 할까?

외국 여행을 하다가 여권이나 돈을 잃어버렸을 경우에는 한국대사관을 찾아가서 도움을 받을 수 있다. 지역에 따라 총영사관, 대표부 등이 설치되어 있는 곳도 있다. 2008년 현재 한국은 세계 각국에 재외공관을 130개 두고 있다.

외국에서 가장 지위가 높은 우리나라 외교관은 대사이다. 대사는 국가를 대표해 외국과 외교 교섭을 하는 사람이다. 대사관은 그 나라의 수도에 있다. 대사관과 대사의 집무실은 우리나라를 대표해야 하기 때문에 대부분 꽤 멋진 건물에 있다. 대사관은 그 나라 법의 적용을 받지 않는 '치외법권' 지역이다. 그 나라의 경찰도 대사관을 수색할 수는 없다. 또한 뉴욕이나 제네바 등과 같이 중요한 국제기구가 있는 도시에는 상설 대표부가 설치되어 있다. 국제기구에서 우리나라의 이익을 대변하는 활동을 하기 위해서다.

제네바는 스위스에 있는 도시로, 국제 외교 활동의 중심지이다. 국제연합 유럽본부, 국제적십자본부, 국제노동기구본부 등 많은 국제기구가 자리잡고 있다.

우리 정부와 그 나라 사이에 불협화음이 생기면 그 나라 정부는 우리나라 대사에게 대화를 나누자고 요청한다. 그때 우리나라 대사는 한국 정부의 행동을 변호하면서 갈등을 해결하기 위해 노력한다. 두 나라 사이가 심각하게 불편해지면 각자 자기 나라의 대사를 불러들이기도 한다. 중요한 외교 교섭을 중단하겠다고 강하게 항의하는 것이다. 우리나라는 일본과 독도 영유권 문제를 놓고 마찰이 생겨 주일대사를 소환하기도 했다.

또한 대사관은 외국 여행을 하는 모든 한국인을 위해 일하는 곳이다. 그중에서도 특히 해당 국가에서 한국인의 생명과 재산을 보호해야 한다. 해외여행이나 외국과의 경제 교류, 유학 등이 빠르게 늘어나면서 피해 사례가 증가하고 있기 때문이다. 그 밖에도 여행객이 여권을 잃어버렸을 때 대체 여권을 발급하거나, 외국 경찰에 연행된 한국인을 보호하는 업무도 한다. 이러한 업무를 영사 업무라고 하는데, 작은 나라에는 대사관 한 곳에서 이러한 업무를 모두 취급한다. 또한 그 나라의 수도가 아니지만 교민이 많이 거주하거나 우리나라 사람들의 출입이 잦은 도시에는 별도로 총영사관이 설치되어 있다.

영사 업무 외에도 외교관들이 하는 일은 무척 다양하다. 주재하고 있는 나라의 국민을 대상으로 우리나라를 홍보하는 활동을 하기도 하고, 우리의 문화를 알리기 위한 각종 문화 프로젝트를 진행하기도 한다.

유엔의 결의를 반드시 따라야 할까?

지구상의 모든 사람들이 살아가기 위해서는 맑은 공기, 물, 식량, 건강 등과 같은 것들이 있어야 한다. 국제연합은 이러한 문제를 논의하기 위해 각 나라들이 회원으로 가입한 대표적인 국제기구이다. 국제연합 헌장 제1조는 국제 평화와 안전을 유지하는 것을 목적으로 한다고 밝히고 있다.

제2차 세계대전이 끝난 뒤인 1945년, 51개 국가가 모여 국제연합(UN, United Nations)을 창립했다. 유엔은 제1차 세계대전 직후 승전국을 중심으로 창립되었다가 붕괴된 국제연맹을 뒤이은 것이다. 2007년 현재 유엔의 회원국은 192개 나라다. 한국은 유엔과 인연이 깊다. 유엔의 결의를 빌어 남한 단독 정부를 수립했고, 유엔군이 한국전을 치렀다.

그러나 정작 회원국이 되기까지는 오랜 시간이 필요했다. 냉전 체제가 무너진 1991년에야 비로소 북한과 동시에 회원국으로 가입했다. 회원국에 가입하기 위해서는 안전보장이사회의 추천을 받아 총회에서 3분의 2 이상 찬성을 얻어야 한다. 안전보장이사회의 5개 상임이사국은 거부권을 행사할 수 있다. 냉전 시대에 한국에 대해서는 소련과 중국이, 북한에 대해서는 미국이 거부권을 행사했다.

국제연합의 가장 중요한 결정 기구는 해마다 9월 셋째 화요일에 열리는 총회이다. 총회에서는 모든 나라가 한 표를 행사할 수 있다. 하지만 유엔총회의 결의는 모든 나라가 반드시 따라야 하는 구속력이 없다. 인권 침해, 국제법 위반, 유엔헌장의 규정을 위반해도 강제로 제재할 방법은 없다. 하지만 유엔의 결의는 국제사회의 여론을 반영한다는 점에서 중요하다.

국제연합은 총회 외에도 안전보장이사회, 사무국, 경제사회이사회와 국제사법재판소 등의 기구를 두고 있다. 또 국제연합은 그 산하에 별도로 여러 조직을 두고 있다. 아동구호단체인 유니세프(Unicef)는 제3세계 어린이들의 기아와 질병퇴치를 위해 창설된 기구이다. 또 세계보건기구(WHO)는 세계를 치명적인 전염병과 질병으로부터 구하기 위해 노력한다. 유네스코(Unesco)는 모든 사람이 교육받을 권리를 누릴 수 있게 하려고 노력하고 있다.

안전보장이사회는 무슨 일을 할까?

만약 학교에서 두 친구가 날마다 싸움을 한다면 누군가 나서서 양쪽의 이야기를 들어보고 중재 방안을 찾아야 한다. 국제 정치에서 이와 같은 중재자 역할을 하는 집단이 바로 유엔 안전보장이사회이다.

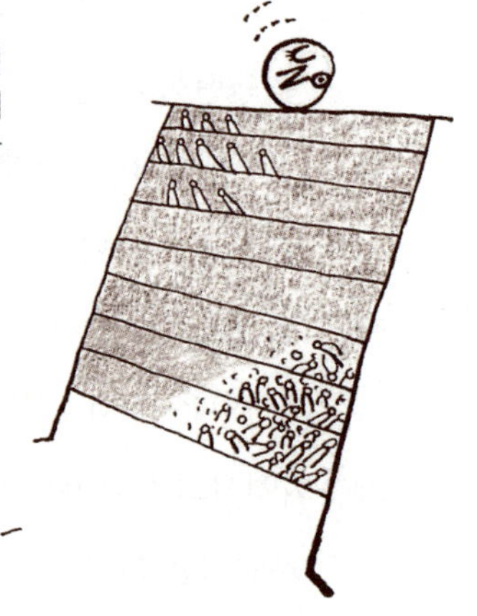

국제연합의 목표는 헌장에 명시된 대로 전 세계의 평화와 안전을 유지하는 것이다. 이에 필요한 가장 중요한 역할을 하는 기구가 바로 안전보장이사회이다. 안전보장이사회에는 15개 국가가 소속되어 있다. 안전보장이사회는 무력 충돌이 벌어지고 있는 지역에서 전쟁을 끝낼 방법을 찾아야 한다. 협상, 무역 규제 등과 같은 경제제재, 또는 평화유지군을 투입하는 방법 등이 동원된다. 필요할 경우에 유엔은 군대를 파견해 분쟁에 직접 개입하기도 한다. 유고슬라비아 내전에서는 유엔 안전보장이사회의 결의에 따라 외국 군대가 투입되었다.

안전보장이사회는 전쟁이 벌어질 정도로 갈등이 심해지기 전에 먼저 평화적인 해결책을 찾으려고 노력한다. 그러나 안전보장이사회에 소속된 국가들의 입장이 서로 달라 이러한 노력이 성과를 거두기는 쉽지 않다. 수십 년 동안 계속되고 있는 이스라엘과 팔레스타인의 대립과 전쟁은 이를 잘 보여준다.

안전보장이사회의 15개 회원국 가운데 미국, 중국, 영국, 프랑스, 러시아 다섯 나라는 상임이사국이다. 중국은 1971년 총회에서 타이완을 대신해서 유엔에 가입하면서 상임이사국이 되었다. 이들 다섯 나라는 안전보장이사회의 결정에 대해 거부권을 행사할 수 있는 권한이 있다. 다섯 나라 가운데 어느 나라든 이사회의 결의에 반대해 이를 무효화할 수 있다. 최근에는 일본과 독일이 상임이사국이 되기 위해서 상임이사국의 수를 늘려야 한다고 주장하고 있다. 그러나 아시아 각국은 일본이 침략 역사에 대해 제대로 반성을 하지 않고 있다고 여기기 때문에 지지를 받지 못하고 있다.

비상임이사국은 2년마다 새롭게 선출된다. 비상임이사국은 세계 모든 지역에서 대표가 나올 수 있도록 대륙별로 숫자를 배려해서 선출한다.

비상임이사국은 10개국이며, 유엔의 목적에 공헌한 정도와 지리적 분포를 감안해 해마다 다섯 나라를 선출한다. 우리나라는 1996년부터 1997년까지 비상임이사국으로 활동했다.

국제사회에도 질서를 유지하기 위해 국제법이 존재한다. 국제법은 주로 전 세계 국가들이 인정해서 규칙으로 굳어진 관습이나 조약을 그 내용으로 한다.

국제법을 어겼을 경우 강제로 처벌할 수 있는 사법기관은 없다. 그러나 국제법은 점차 중요해지고 있다. 지구촌의 많은 문제를 평화롭게 해결해야 하기 때문이다.

국제 관습법은 문서로 만들지는 않았지만 국가 간에 그 관습이 계속 존중되어서 하나의 국제적 약속으로 굳어진 것이다. 예를 들어, 정치적 탄압을 피해 망명한 사람은 본국에 인도하지 않는다거나, 일정 거리의 연안은 영해로 인정하되 공해는 어떤 나라의 소유권도 인정되지 않으므로 통항의 자유가 인정된다는 것 등을 말한다.

관습법과 달리 조약은 국가 간, 또는 국제기구와 국가 간에 문서 형식으로 체결된다. 조약이라고 명시된 것 외에도 협정, 헌장, 협약, 의정서, 규약 등의 형태를 띠기도 한다. 이러한 조약은 해당 국가의 의회가 동의를 해 효력이 인정되었다고 선언한 나라에 한해서만 효력이 발생한다.

국제법의 가장 중요한 원칙은 분쟁을 평화롭게 해결하는 것이다. 세계 전쟁을 두 번 치르면서 국제법은 일정한 조건을 갖추지 않은 전쟁은 위법이라고 규정하기에 이르렀다. 국제연합 헌장에 따르면, 물리적인 힘의 사용은 자국이 공격을 받았을 때나 안전보장이사회가 허용한 경우에만 가능하다.

그러나 이러한 전쟁 금지와 같은 국제법이 법질서로서 효력이 있는가에 대해서는 늘 의문이 제기된다. 예를 들어, 미국은 안전보장이사회의 결의를 거치지 않고 이라크 전쟁을 일으켰다. 그런데 결국 이라크 침략의 명분으로 내걸었던 대량 살상 무기는 끝내 발견되지 않았다. 이처럼 강대국이 힘의 논리를 앞세울 때 국제법은 늘 한계를 보이기 때문이다.

미국은 걸프전 이후 이라크를 '불량 국가', '테러 지원국'으로 규정하고 이라크의 대통령 후세인을 '제거 대상 1호'로 지정했다. 2003년 3월, 미국과 영국 연합군이 이라크를 공격했고, 그해 4월 승리를 선언했지만 여전히 이라크에 평화는 오지 않고 있다.

분명 국제법에는 한계가 있지만 지구촌의 많은 문제들을 해결하기 위해서 국제연합을 중심으로 여러 협약이나 조약들이 체결되면서 국제법은 계속 발전하고 있다. 인권, 군축, 환경보호 등 다루는 문제의 범위도 아주 광범위하다. 특히 지구 환경 보호를 위한 각종 협약들은 각국의 산업에도 큰 영향을 미친다.

제3세계는 왜 가난할까?

어떤 나라를 제1세계나 제2세계 또는 제3세계로 구분하는 기준은 사실 잘사는가 못사는가의 문제는 아니었다. 하지만 우리는 보통 아프리카, 아시아, 라틴 아메리카의 가난한 지역들을 제3세계라고 부른다.

원래 제3세계라는 개념은 냉전 시대에 어떤 진영에도 속하지 않는 나라들, 곧 서구 자본주의 세력권에도, 동구 공산주의 세력권에도 속하지 않는 비동맹 국가들을 의미했다. 이들은 주로 식민지 지배를 경험하고, 경제적으로는 식민 종주국이나 양쪽 어느 진영으로부터 자본과 기술을 도입해야 하는 저개발 또는 개발도상 국가라는 공통점을 갖고 있었다. 그래서 점차 제3세계라는 말은 저개발 국가를 가리키는 용어로 굳어지게 되었다.

저개발 국가는 경제적 토대가 너무 허약해서 국민들이 의식주를 제대로 해결하지 못하고 있다. 전 세계에 아직도 빈곤과 질병에 신음하는 저개발 국가들이 많다. 농업은 사람들을 충분히 먹여 살릴 만큼 생산성이 높지 않아서 언제나 식량이 부족하다. 또 공업은 거의 발전하지 않았거나, 산업 시설에서 생기는 이득은 외국인 소유자의 몫으로 돌아가는 경우가 대부분이다. 또한 교육제도가 제대로 갖춰져 있지 않아서 국민 대다수가 문맹이다. 게다가 보건 상태도 대단히 열악하다.

서구 선진국들은 그동안 저개발국 원조라는 이름으로 제3세계 국가들을 지원해왔다. 각종 물품이나 자금을 제공하고, 학교를 짓고 교사를 파견하고, 병원을 세우고 의사를 보내기도 했다. 이러한 원조는 경제 협력이라는 이름 아래 각종 경제 진출을 동반했다. 선진국들은 값싼 임금을 찾아 공장을 이전했고, 자원 개발을 추진했다. 그러나 공업화와 자원 개발의 이익은 제3세계 국가의 국민들에게 돌아가지 않았다. 또 대규모 자원 개발 사업과 공업 시설들은 지구 전체를 위험에 빠트릴 수 있을 만큼 환경을 파괴하고 오염시켰다.

그러나 제3세계의 값싼 임금으로 생산되는 농산물과 공산품, 자연 자원으로 선진 공업국의 경제는 더욱 발전할 수 있었다. 엄청난 에너지를 소비하고, 천연자원을 낭비하는 대량 생산과 대량 소비의 경제 체제가 구축되었다. 그 결과 풍요로운 소비 생활이야말로 경제 발전의 척도로 여겨지게 되었다. 하지만 우리가 소비하는 것들이 살아가는 데 꼭 필요한 것인지 생각해볼 문제이다.

그에 반해 제3세계 국가의 사람들에게는 살아남는 데 꼭 필요한 필수품마저 부족하다. 이처럼 선진 공업국과 제3세계 국가들 사이에 빈부의 격차가 더욱 벌어지면서 생기는 마찰을 '남북 갈등'이라고도 한다. 제3세계 국가들 대부분이 지구의 남반구에 있고, 선진 공업국들이 지구 북반구에 있기 때문이다. 예를 들어서, 마시고 쓰는 물만 해도 북아메리카에서는 한 사람이 연간 1,451리터, 유럽에서는 626리터를 사용하지만, 아프리카에서는 겨우 199리터를 사용한다. 세계보건기구의 보고에 따르면, 지구상에 약 12억 명의 사람들이 깨끗한 식수를 전혀 마시지 못하고 있다. 그래서 전 세계적으로 해마다 2천5백만 명의 사람들이 오염된 물 때문에 병으로 죽어간다. 특히 어린이들의 상태는 더 나빠서 8초마다 한 명꼴로 어린이가 죽어가는 것으로 추산되고 있다.

그러나 제3세계 국가들이 원래부터 지금처럼 가난했던 것은 아니다. 그 가운데는 수천 년 동안 높은 수준의 문화를 발전시켜 온 나라들도 많다. 그들의 재앙은 대부분 이른바 서구 제국이 식민지를 만들면서 시작된 것이다. 수백 년 전, 유럽의 항해자들이 나타나서 주민들을 노예처럼 부려 보석이나 금속 같은 천연자원을 채굴해가기 시작하면서 재앙은 시작되었다.

오늘날 교통과 통신이 눈부시게 발전함에 따라 경제 활동의 세계화가 가속화되면서 선진 공업국의 기업들은 제3세계에서 더욱 활발하게 활동하고 있다. 하지만 이들 제3세계 국가들이 선진 공업국에 팔수 있는 상품은 많지 않다. 자원 채굴권이나 공업 시설은 대부분 서구 자본의 소유이기 때문이다. 그래서 세계화가 오히려 선진 공업국과 제3세계의 빈부격차를 더욱 심화시키고 있다는 주장은 날이 갈수록 더 거세지고 있다.

세계화와 반세계화를 넘어 대안의 세계는 가능할까?

대형 마트에서 살 수 있는 롤러스케이트나 게임기는 대부분 중국산이다. 슈퍼마켓에는 멀리 남아메리카에서 온 과일과 생선도 많다.

우리가 입고 있는 옷은 대부분 베트남이나 방글라데시, 인도네시아에서 만들어진다. 축구공은 파키스탄의 어린이가 고사리 같은 손으로 꿰맨 것이다. 거기에는 사실 두 개의 세계가 대립하고 있다.

우리는 인터넷을 통해 날마다 세계 곳곳을 돌아다닐 수 있다. 아침에 비행기를 타면 저녁에는 지구 반대편에 도착할 수 있다. 이러한 교통과 통신의 눈부신 발달은 다른 무엇보다도 우선 경제에 커다란 이익을 안겨주었다. 여러 산업 부문에서 교역이 전 세계로 확대되었다. 교역을 통해 세계 곳곳에서 생산된 상품들이 우리 곁으로 밀려든다. 이것이 바로 세계화다.

특히 거대 다국적 기업들의 생산과 판매 활동은 세계적이다. 다국적 기업들의 본부나 모기업은 본국에 있고, 세계 곳곳에 수많은 지사와 공장들을 세워서 회사를 운영한다. 다국적 기업의 상품들은 대부분 제3세계에서 생산된다. 훨씬 적은 비용을 들여서 생산할 수 있기 때문이다.

　제3세계 노동자들의 임금은 아주 싸다. 아직 노동조합이 없는 나라들도 많다. 그래서 임금이 노동조합과 고용주가 맺은 협상을 통해서 결정되지 않는다. 고용 비용을 더 지출하게 하는 의료보험이나 사회보험제도도 갖춰져 있지 않다. 하지만 돈을 벌 수 있다는 사실만으로도 사람들은 기뻐한다. 심지어는 전 세계에 5~14세의 어린이 약2억 5천만 명이 가족을 먹여 살리기 위해서 학교에 가는 대신 고된 노동에 내몰리고 있다고 한다. 아마도 텔레비전에서 양탄자를 짜고, 축구공과 야구공을 꿰매고, 땅 속을 파서 보석의 원석이나 사금 조각을 골라내는 어린이들의 모습을 본 적이 있을 것이다.

　이러한 참상을 해결하기 위해 세계는 오랫동안 노력해 왔다. 1960

'FAIRTRADE' 마크와 공정무역 방식으로 만든 축구공. 축구공 아래쪽에 'No child labour!' 라는 글씨가 선명하다.

년대 유럽에서 시작된 '공정무역(fair trade) 운동' 도 그 가운데 하나이다. 우리나라에서도 몇몇 분야에서 시작되고 있다. 이 운동을 하는 사람들은 제3세계에 만연한 빈곤을 공정한 무역이라는 방식을 통해 없애고자 한다. 다시 말해, 제3세계에서 생산한 물건이 선진국 시장에서 적정한 가격에 팔릴 수 있도록 통로를 마련해주는 것이다. 이렇게 생산된 상품에는 '공정거래' 라는 표시를 붙인다.

또한 공정무역 운동을 하는 사람들은 가난한 나라의 비옥한 땅에 커피나 차 또는 과일 같이 외국에서 비싼 값에 팔리는 농작물을 재배하기 위해 거대한 농장을 만드는 것을 반대한다. 토착 주민들이 먹을 기본적인 식량을 재배할 경작지가 부족해지기 때문이다. 또한 어린아이를 고용하는 것을 금지하라고 요구한다. 그래서 공정무역 단체가 내세우는 구호는 '피를 묻히지 않은 커피' 이다. 이를 통해 선진국 소비자들의 요구를 충족시킴과 동시에 제3세계 국가가 자립할 수 있는 기반을 조성해줄 수 있다고 여긴다.

또한 그들은 부자들이 좀더 많은 돈을 벌 수 있는 자유를 보장하는 '시장의 세계화' 나 '기업 활동의 세계화' 에 반대한다. '하나밖에 없는 세계' 를 모든 사람이 인간답게 노동하며 살 수 있는 권리가 있는 세상으로 만들어야 한다고 생각하기 때문이다.

반면에 세계화를 주장하는 사람들은 세계화가 가난한 나라들에게도 유리하다고 본다. 우리나라에서는 이러한 세계화의 이념을 거의 비판하지 않고 받아들이고 있다. 세계화 시대에 발을 맞춰 나가야 신

우리나라의 공정무역 운동은 이제 시작이다. 2003년 '아름다운 가게' 에서 처음으로 인도, 방글라데시, 네팔 등 공정무역 단체로부터 수공예품을 들여와 판매했다. 2004년부터는 '두레생협연합회' 가 필리핀 네그로스 섬의 설탕을 수입해서 판매한 이익금으로 현지의 생산자 마을을 지원하고 있다. 2007년에는 시민 단체들이 돈을 모아 공정무역을 전문으로 하는 회사를 만들기도 했다.

진국이 될 수 있다고 주장한다. 무역을 통해 빠른 경제 성장을 이뤄온 대표적인 나라가 바로 우리나라이기 때문이다.

그러나 경제의 세계화가 빠르게 진행되면서 우리는 IMF 경제 위기를 겪었다. 이후 빈부 격차가 더 심해졌고, 실업자도 줄지 않고 있다. 그래서 세계화를 비판하는 사람들의 목소리가 점점 설득력을 얻고 있다.

국제 간 비정부기구란?

국제정치에서도 비정부기구는 중요한 역할을 한다. 특히 지구 전체 문제에 대한 비정부기구의 역할이 커지고 있다.

그린피스나 국제사면위원회는 부당한 행위에 맞서 싸우는 수많은 비정부기구들 가운데서도 유명하다. 국제 환경 단체인 그린피스의 회원들이 고래 잡이를 반대하기 위해 작은 보트를 타고 고래잡이 어선을 가로막아서 큰 화제가 되었다. 국제사면위원회는 독재 시대에 우리나라의 인권 탄압에 대해 항의해 온 단체다. 국제적으로 활동하고 있는 이러한 단체들을 우리는 비정부기구 중에서도 국제 간 비정부기구라고 부른다. 이들은 어떤 국가와도 무관한 조직이다. 이 기구의 회원들은 특정한 문제를 해결하는 데 관심을 갖고 노력을 기울이는 지극히 정상적인 사람들이다.

국제 간 비정부기구는 정치적으로 독립되어 있고, 자발적인 참여자로 구성되며, 후원금과 회비를 받아 운영한다. 비정부기구에서 일하는 사람들은 활동을 해서 돈을 버는 것이 목적이 아니다. 활동가들은 활동비를 받고 일한다. 세계화가 점점 더 빠르게 진행되면서 새로운 기구들이 많이 생겨나고 있다. 이들 비정부기구들은, 예를 들어 그린피스의 경우처럼 독자적인 힘과 능력으로 부조리한 문제들을 해결하기 위해서 국제적인 행동을 하기도 한다. 또한 각 나라에 영향력을 끼침으로써 간접적인 활동도 병행한다.

국제 간 비정부기구는 국가 간에 조약을 맺은 국제기구가 아니므로 개별 국가에서는 국제법상 지위를 제대로 인정받지 못하고 있다. 그러나 많은 국제기구들이 비정부기구의 역할을 중시하고 있다. 국제연합은 창립 당시부터 국가들만이 아니라 이러한 비정부기구들을 조언자로 생각하고, 그 의견에 귀를 기울여왔다.

최근에는 정부기구만이 아니라 비정부기구들이 함께 참여하는 국제회의가 늘고 있다. 현재 국제연합에 가입한 비정부기구만도 1천 개가 넘는다. 흔히 국제연합에 가입한 비정부기구들을 가리키는 말인 INGO(국제비정부기구International Non-Governmental Organization)가 국제 간 비정부기구를 뜻하는 말로 함께 사용되기도 한다.

10장

남북통일

조선민주주의인민공화국은
어떻게 수립되었나?

북한의 공식 명칭은 조선민주주의인민공화국이다. 남한에 정부가 수립된 직후인 1948년 9월 9일에 수립되었다. 인민공화국이란 자본가와 지주계급을 배제한 노동자, 농민, 근로 인텔리 계급에게 주권이 있다는 뜻으로, 곧 사회주의국가를 말한다.

해방 후 각지의 공산주의 세력들은 북한으로 속속 모여들었다. 소련은 사회단체 대표들이 지역별로 구성한 임시 인민위원회에 자치권을 부여하는 정책을 폈다. 1946년 초, 북조선임시인민위원회가 결성되어 김일성이 위원장을 맡았다. 임시 인민위원회는 농민들의 가장 큰 소망인 토지개혁을 시작해 일본인과 친일파 소유의 토지를 몰수해 농민에게 분배했다. 토지개혁은 대중들의 큰 지지를 받았다. 또 주로 일본인 소유였던 중요 산업 시설을 국유화했다. 이런 과정에서 북한 사회의 우익 세력은 점차 기반을 잃었다. 많은 친일파와 우익 세력이 남쪽으로 내려가면서 좌익과 우익 사이에 마찰이 없어 비교적 혼란스럽지 않은 편이었다.

1947년 2월에는 선거에서 뽑힌 대표들이 모여 공식적으로 북조선

인민위원회를 구성했다. 그해 가을, 유엔이 '유엔 감시 아래 남북한 총선거'와 '북한이 응하지 않을 경우 남한에서 단독정부 수립'을 결의했다. 북한은 유엔을 미국의 거수기로 간주하고 이를 거부했다. 남쪽의 단독정부 수립 움직임에 맞서 북한도 '전 조선을 대표하는 통일정부' 결성을 내세우며 정부 수립 작업을 진행했다.

1948년 8월, 남조선노동당의 지하조직에서 뽑았다는 남쪽의 대의원 360명과 북한 지역 선거에서 뽑힌 212명이 모여서 우리의 국회격인 최고인민회의를 구성했다. 이들은 북한 헌법을 통과시키고, 김일성을 수상, 박헌영을 부수상 겸 외무상으로 하는 북한 정권을 출범시켰다.

남과 북에 정부가 두 개 들어섰지만 누구도 갈라진 민족의 현실을 받아들이지 못하고 있었다. 남쪽의 이승만 정부는 공공연히 북진 통일을 외쳤다. 북한은 남쪽의 지리산 등지에서 활동하던 빨치산 부대를 지원하는 한편, 빠르게 무력을 증강시켰다. 때마침 중국혁명이 성공하면서 여기에 참전하고 있던 많은 조선인들이 조선인민군으로 들어왔다.

1950년 6월 25일, 한국전쟁이 일어났다. 개전 초기의 상황은 북한이 곧 한반도 전체를 점령하고 끝날 듯이 보였다. 그러나 미군이 전면 개입하면서 북한 정권은 압록강 근처까지 쫓겨 올라갔다. 상황을 다시 되돌린 것은 중국 공산군의 참전이었다. 결국 분단선을 지우지도 못하고 약 6백 만 명의 인명 피해를 낳은 채 전선은 다시 원점으로 되돌아가고 말았다.

전쟁을 일으킨 것은 북한이었지만 피해는 북한이 더욱 심했다. 미

해방 후 소련군과 함께 북한에 들어 온 김일성.

국이 "조선은 앞으로 백 년이 걸려도 다시 일어서지 못한다"고 호언할 정도로 폭격의 피해는 컸다.

남쪽에서 반공주의가 제일의 가치로 자리잡았듯이, 북한에서는 반미가 제일의 이데올로기가 되었다. 북한정권 수립 초기에는 여러 공산주의 세력이 참여했다. 그러나 한국전쟁을 치르는 동안 북한 정권의 핵심에서 김일성 계열을 제외하고는 대부분 숙청되어 김일성의 단일 지배 체제가 성립되었다. 박헌영 등 남로당 계열에게는 간첩이라는 올가미를 씌웠다.

한편, 전후 복구 사업과 함께 본격적인 사회주의화도 진행되었다. 피해가 컸던 만큼 인민들의 살고자 하는 의지가 강했다. 전쟁 중에 북한 정권에 반대하는 사람들은 대부분 월남해 공산당과 국가의 지도력이 힘을 발휘했다. 1957년까지 북한은 전후 복구 사업을 마칠 수 있었다. 여기에는 소련의 경제 지원도 큰 몫을 했다. 1958년까지는 농업과 상공업의 협동조합화가 완료되었다. 이어서 우리에게 흔히 '천리마 운동' 으로 알려진 북한식 사회주의 경제 건설이 시작되었다. 국민들을 동원해 많은 공장과 산업 시설들을 건설했다.

또한 자본주의 사회처럼 이윤에 따라 보상을 줄 수 없는 사회주의 특성에 따라 대중을 건설 현장으로 내몰기 위해 노동자의 명예심과 혁명 정신을 끌어내는 방법들이 동원되었다. 오늘날 북한을 상징하는 온갖 영웅을 칭송하는 대형 공연이나 거대 조형물, 또는 수많은 구호들이 지배하는 사회적 특성이 생겨난 것이다.

북한을 지배하는 사상은?

북한은 사회주의국가다. 그러나 북한의 사회주의를 지배하는
것은 마르크스나 엥겔스의 이론이나 철학이 아닌 '주체사상'
이다.

1960년대부터 북한이 독자적으로 사회주의를 지키고 발전시키는 과정에서 '주체사상'이 만들어졌다. 주체사상은 우리가 북한을 이해할 때 가장 낯선 부분이다.

주체사상은 북한 주민들의 삶을 지배하는 틀이다. 주체사상은 1960년대 중국과 소련 사이에 사회주의 종주국가의 지위를 두고 다툼이 벌어지는 상황에서, 두 나라에 의존하던 것에서 벗어나 북한 스스로 자립적 경제와 자주적 발전을 추구하는 과정에서 만들어졌다. 그 당시부터 '우리 식대로 살자' 또는 '인민대중 중심의 우리 식 사회주의' 등의 자주성을 강조하는 원칙과 구호가 제시되었다. 이것은 차츰 이론과 사상의 형태로 발전했다. 주체사상은 '혁명과 건설의 주인은 인민대중이며, 혁명과 건설을 추동하는 힘도 인민대중에게 있다는 사상' 또는 '자기 운명의 주인은 자기 자신이며, 자기 운명을 개척하는 힘도 자기 자신에게 있다는 사상'으로 규정된다. 현재 국제적으로 고립되어 있고, 궁핍한 경제 사정 등 모든 난관을 이러한 사상 무장 운동으로 해결해 나가고 있는 것이다.

　주체사상의 창시자는 '위대한 수령' 김일성이다. 수령은 최고 지도자라는 의미로서 김일성에서 김정일로 이어졌다. 북한 사회의 모든 분야에서 수령은 영향을 미친다. 모든 권력은 유일하게 수령에게만 집중되어 있다. 북한에서 수령은 완전무결한 지식과 영도력, 품성을 갖추고 대중과 완벽하게 함께 호흡하면서 그들을 지도하는 자이다. 인민대중은 역사의 주체이지만 그들 스스로 자주적인 주체가 되는 것이 아니라 오직 탁월한 수령의 영도 아래 하나로 통일 단결할 때 주체가 된다고 한다. 그래서 늘 북한 사람들의 공적인 생활과 발언에는 "위대한 수령님"이 먼저 나온다. 이처럼 북한 사회는 사상과 권력의 모든 면에서 유일한 지배 체제를 형성하고 있다. 그리고 자립과 자주의 원칙을 오랫동안 추구하면서 외부 세계의 영향을 별로 받지 않는다.

북한의 '집단체조'는 각종 경축 행사나 체육대회 때 자주 등장하는 화려한 매스게임을 말한다. 집단체조는 청소년과 근로자들을 주체사상으로 무장시켜 집단주의 정신을 높이고, 몸을 단련하는 효과적인 수단이라고 정의한다.

북한은 왜 가난할까?

중국과 베트남이 시장경제를 받아들이면서 북한은 쿠바와 함께 사회주의 계획경제 체제를 유지하고 있는 지구상의 마지막 두 나라 가운데 하나로 남게 되었다.

북한의 모든 생산수단은 국가 또는 협동단체의 소유이다. 텃밭 경작이나 부업 등 아주 부분적인 시장경제만 허용된다. 한국전쟁 직후 북한 경제는 비교적 빠르게 발전했다. 정부가 자원을 집중하는 분야의 생산성을 끌어올리는 데에는 계획경제가 어느 정도 효율적이기도 했기 때문이다. 그러나 1960년대에 들어 생필품 등을 제대로 공급하지 못하는 문제점을 드러내기 시작했다. 당시 사회주의권 국가들의 사정도 마찬가지였다. 국가가 수백만 가지에 이르는 상품의 수요를 파악해 생산 계획을 수립하기도 어렵고, 계획을 세워도 생산과 소비가 계획대로 이루어지지도 않는 사회주의 계획경제가 안고 있는 본질적인 문제였다.

또 북한은 1960년대 이후 사회주의권의 국제 분업을 주장하던 소런과 대립하면서 자립적 민족경제를 추진했다. 에너지 자원과 기술 설비 능력이 취약한 상황에서 부족한 부분을 채워줄 수 있는 외부 경제를 배제한 채, 무리하게 많은 것을 내부에서 해결하려고 했다. 결국 경제 발전은 더딜 수밖에 없었다. 여기에 국가가 군사비에 자원을 너무 많이 분배한 것도 큰 부담이 되었다. 1960년대부터 북한의 군사비 지출은 국가 예산의 30% 이상에 달했다.

1990년대에 들어 사회주의권 국가들이 갑작스럽게 붕괴하면서 북한 경제는 결정적으로 타격을 받았다. 주로 사회주의권에 집중되어 있던 북한의 대외교역이 급감했다. 소련이 공급해주었던 원유와 식량 지원이 끊어지면서 공장이 대부분 멈춰 섰다. 게다가 연이어 닥친 대홍수와 기근으로 식량난은 극심해졌다. 그러자 북한 주민들은 압록강을 건너 중국과 제3국으로 탈출했다.

북한 경제는 1999년 기준으로 10년 전에 비해 국민총생산 규모가 절반으로 줄어든 것으로 알려지고 있다. 1990년대 중반 이후 북한도 부분적으로 자유무역지대를 두고 대외 개방을 추진하는 등 경제의 변화를 모색했다. 그러나 미국, 일본 등과의 외교 관계가 진전되지 않아 성과를 볼 수 없었다.

한반도에서 핵 위기는
왜 끝나지 않을까?

2006년 10월, 마침내 북한은 핵실험을 감행했다. 북한은
세계에서 아홉 번째로 핵무기 보유 국가가 되었다. 대량
살상 무기 억제를 최우선 과제로 하는 미국의 북한 고립
정책은 실패로 돌아갔다.

한반도에 핵 위기가 가중되면서 핵 문제를 해결하기 위해 북한과
대화를 해야 할 필요성이 커졌다. 미국은 북한과 직접 대화하기 위해
나서게 되었다.

1957년, 한반도에 핵무기가 들어오기 시작한 것은 당시 일본에서
반핵운동이 전국에 확산된 데서 비롯되었다. 미국은 반핵 움직임이 전
혀 없던 한국으로 핵무기를 옮겼다. 이후 1964년, 중국이 핵실험에 성
공하면서 한반도에는 다양한 종류의 핵무기가 빠르게 증가해 휴전선
최전방까지 배치되기에 이르렀다. 1970년대에 들어 동서 진영 간에
긴장이 완화되면서 비로소 미군의 핵무기는 후방 지역으로 옮겨졌다.

1970년대에는 미국의 미군 철수 움직임과 유신 정권의 인권 탄압
에 대한 미국의 거부감이 마찰로 이어지면서, 박정희 정권은 핵무기

개발을 추진했다. 하지만 미국의 압력과 반대로 무산되었다.

한반도에 처음 핵무기가 배치된 이래 북한의 주장은 줄곧 핵무기 철거와 한반도의 비핵화였다. 그러나 1980년대에 들어서면서 상황은 조금씩 변하기 시작했다. 북한이 영변에 원자로를 건설하기 시작하자 미국은 소련을 통해 북한에 압력을 넣어 '핵확산금지조약(NPT, Nuclear Non-Proliferation Treaty)'에 가입하도록 했다. 소련은 북한이 이 조약에 서명할 경우, 원자력 발전소 시설 4기를 제공하겠다고 약속했다. 그러나 북한이 핵확산 금지조약에 가입했으나 이 약속은 지켜지지 않았다.

그후 1988년, 북한이 영변과 태천에 원자력 발전소와 핵연료 재처리 시설을 건설 중이라는 사실을 미국의 정보기관이 탐지했다. 북한이 당시 핵무기 개발에 열중한 것은 정치체제가 불안하고 경제가 어려워서였다. 남한과의 경제적 격차는 벌어지고 있었고, 서울올림픽에 소련과 중국까지 참가하면서 북한은 세계적으로 더욱 고립되고 있었다. 미국은 다시 북한의 핵무기 개발 저지에 나섰다. 그러나 북한과 미국은 오랫동안 적대 관계였기 때문에 남한에 취했던 경제적 압력과 같은 효과적인 제재 방법이 없었다.

결국 미국은 한반도에서 미군이 보유하고 있는 핵무기를 철수해서 북한이 국제원자력기구의 핵무기 사찰을 받도록 유도했다. 때마침 소련의 사회주의 체제가 붕괴되면서 한반도에서 미군의 핵무기 철거는 빠르게 진행될 수 있었다. 그리고 마침내 1991년 12월 31일, 남북은

'한반도의 비핵화에 관한 공동선언'에 합의할 수 있었다.

남북한의 핵무기 개발 시도가 모두 무산되고, 미군의 핵무기마저 철거됨으로써 한반도는 핵의 위험으로부터 벗어나는 듯이 보였다. 그러나 1993년 북한은 다시 국제원자력기구의 핵무기 사찰을 거부하고 핵확산 금지조약에서 탈퇴하면서 이른바 제1차 북한 핵 위기가 시작되었다. 이 위기는 1994년 북한과 미국 간에 '제네바 합의'를 통해 미국이 북한에 원자력 발전소 2기와 해마다 중유 50만 톤을 제공하기로 합의하면서 봉합되었다. 이때 북한과 미국은 정치·경제적 관계를 정상화하기로 합의했다. 그 뒤 한국과 일본, 유럽연합의 지원으로 북한에 원자력 발전소 공사가 시작되었다.

그러나 북한과 미국의 합의는 부시 정권이 북한을 '악의 축' 또는 '불량 국가'로 규정하면서 사실상 중단되고 말았다. 미국은 북한이 비밀리에 핵무기 개발 프로그램을 진행하고 있다고 주장하면서 중유

2006년 10월에 북한은 국제사회의 반대를 무릅쓰고 핵실험을 강행했다.

공급과 발전소 건설도 중단했다. 이에 맞서 북한이 2003년 1월 다시 핵확산 금지조약에서 탈퇴하면서 제2차 북한 핵 위기가 시작되었다. 6자회담을 통해 해결책을 모색했으나, 미국이 경제제재를 풀고 북한의 안전을 보장하지 않아 협상은 진전될 수 없었다.

이런 과정에서 2005년 2월, 북한은 돌연 핵무기를 보유하고 있다고 선언했다. 그러나 북한의 핵 능력은 인정받지 못한 채 대화는 이루어지지 않았다. 그러자 2006년 10월, 북한은 최종적으로 핵실험을 감행했다. 북한은 이를 '핵 폐기를 위한 핵 개발'로 규정했다. 즉 미국과 동등한 입장에서 대화하기 위해 핵무기를 개발했고, 협상이 이루어지면 핵을 폐기할 수 있다는 것이다. 2007년, 북한의 핵 폐기를 위해 국제 간의 대화가 다시 시작되었다. 그 결과가 한반도의 평화 체제 구축과 비핵화, 북한의 대외 개방으로 이어질지 지켜볼 일이다.

분단 비용, 통일 비용?

남북 분단과 전쟁의 고통을 겪지 않은 세대는 지금도 잘살고 있는데 왜 꼭 통일을 해야 하는지 이해하지 못할 것이다. 그러나 우리는 분단의 영향을 받으며 살아가고 있다.

남한과 북한은 분단 체제를 유지하기 위해 많은 비용을 치르고 있다. 또한 분단으로 인해 많은 기회를 잃어버리고 있다. 분단은 이산가족들만의 아픔이 아니다. 북한의 핵실험 사태가 보여주듯이 분단은 우리에게 늘 고통을 안겨준다. 많은 사람이 스트레스를 받고, 수많은 소모적인 논쟁과 논란이 거듭된다. 당장 경제에도 부담을 줘서 우리의 삶을 고통스럽게 할 수도 있다.

남북 분단의 직접적인 영향으로 모든 남성들이 오랫동안 군대 생활을 해야 하고, 많은 돈이 국방비로 지출된다. 2008년 대한민국의 국방 예산은 24조 5천억 원에 달한다. 분단된 상태가 아니라면 이보다는 훨씬 줄어들 것이다. 그리고 이 돈을 교육이나 복지 또는 경제 발전에 사용할 수도 있다.

248

또 분단은 정치, 사상, 학문 등 모든 분야에서 일정하게 제약이 되고 있다. 때때로 전쟁의 공포에 시달리게 하는 사회심리적 억압으로 작용한다. 그리고 분단으로 남한과 북한은 섬 아닌 섬이 되었다. 남한은 대륙으로 가는 통로가 막혀 있고, 북한은 대양으로 가는 길이 막혀 있다. 서로 발전을 막고 있는 것이다. 이처럼 분단으로 인해 유형 또는 무형으로, 직접 또는 간접으로 들어가는 비용을 흔히 '분단 비용'이라고 한다. 분단 비용이 얼마나 되는지를 계산하기는 어렵다. 그러나 기간이 길면 길수록 그 비용은 늘어난다. 그리고 그 비용은 소모될 뿐 미래를 위한 투자가 아니다.

거꾸로 '통일 비용'이라는 개념도 있다. 통일 비용은 서로 이질적인 양 체제를 통합하는 데 드는 비용을 말한다. 통일이 이루어지는 과정에서 드는 위기관리 비용, 체제 통합에 따르는 제도 통합 비용, 남한에 비해 낙후된 북한 지역의 경제를 재건하기 위해 투자되는 비용 등을 말한다. 그러나 통일 비용은 적어도 어떤 편익을 가져다줄 수 있는 기회비용일 수도 있다. 남북의 경제적 통합, 국토의 효율적 이용, 물류비 감소 등의 이익을 가져다주기 때문이다.

1985년에 남북의 합의로 '남북 이산가족 고향 방문단 및 예술 공연단'을 교환하면서 분단 이후 처음으로 이산가족 상봉이 이루어졌다. 이후 중단되었다가 2000년 8월 제1차 이산가족방문단 교환이 성사되어 노무현 정부까지 이어졌다.

남북한의 관계는 어떻게 변화하고 있을까?

엄밀하게 따지면 대한민국의 법으로 북한은 국가가 아니다. 헌법은 대한민국의 영토를 '한반도와 그 부속 도서'로 하고 있다. 북한은 영토를 불법 점령하고 있는 셈이다.

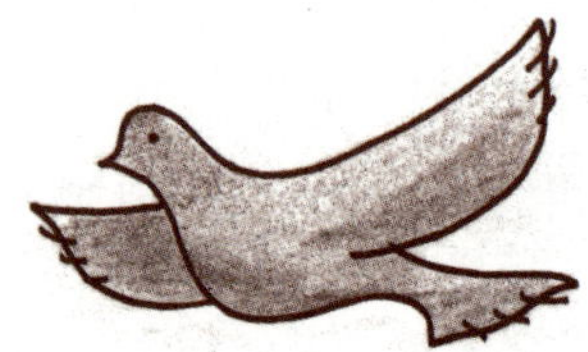

1990년대 초, 사회주의국가들이 몰락하고 국제 냉전 질서가 해체되면서 남북 관계는 큰 변화를 맞게 되었다. 남북한의 유엔 동시 가입이 그 결과물이었다. 남한과 북한은 대화와 교류를 위해 많은 시도를 하기 시작했다. 그러나 남북은 아직 서로를 진정한 대화의 상대로 인정하는 데 인색했다. 북한은 체제를 보장받기 위해 미국과 담판을 짓는 데 초점을 맞추었고, 남한을 신뢰할 수 있는 상대로 여기지 않았다. 남한도 역시 반공이라는 냉전 이데올로기에서 벗어나지 못하고 있는 상태였다.

김영삼 정부 들어 남북 관계는 북한과 미국 간의 핵 위기가 정점에 달한 상황에서 남북정상회담을 열기로 하는 등 큰 진전을 이룬 것 같았다. 그러나 김일성이 사망하면서 정상회담은 열리지 못했고, 남한

개성공단에서 북한 노동자들이 봉제 일을 하고 있다.

에서 '주사파'에 대한 논란이 거세게 일면서 관계는 얼어붙었다.

김일성이 사망한 이후 북한에 최악의 식량난이 닥치면서 남북 관계 개선에 적극성을 띄지 못했다. 1998년 김대중 정부가 들어서면서 '햇볕정책'을 천명하자 북한은 남한 정부에 전향적인 태도를 보이기 시작했다. 그에 따라 금강산 관광이 시작되었고, 마침내 2000년에는 남북정상회담이 열렸다. 노무현 정부 들어서는 개성에 남한이 투자한 공단이 들어서 남한의 자본이 북한의 노동력을 고용하기에 이르렀다. 그리고 2007년 10월 4일에는 노무현 대통령이 평양을 방문해 제2차 남북정상회담을 하고 '6·15남북공동선언'의 실천 의지를 다시 한 번 천명하면서 구체적인 교류 협력 방안을 논의하기에 이르렀다.

교류와 협력이 활발해지면서 남한에서 북한을 더 이상 위험한 적으로 여기지 않게 된 것은 중대한 변화였다. 북한이 핵실험에 성공했지만, 남한 사회에서 심각한 동요가 일어나지 않은 것은 그 성과일 수도 있다. 그러나 한편에서는 여전히 그동안 진행되어온 남북의 교류 확대와 통일을 위한 남북 정부의 노력 등을 부정적으로 보는 사람들이 많다. 하지만 남한과 북한 모두 다시 한반도에서 전쟁이 일어나기를 바라지 않을 것이다. 평화에 이르는 길이 아무리 멀고 험해도 우리는 그것을 지켜나가야 한다.

남과 북은 통일될 수 있을까?

1990년, 지구상에 남아 있던 분단국가가 통일되었
다. 바로 독일과 예멘이다. 독일의 통일은 갑작스레
이루어졌다.

독일은 1949년에 동독과 서독으로 분단되었다. 동독의 체제가 위
기에 처하면서 많은 사람들이 서독으로 탈출하기 시작했다. 마침내
국경이 개방되었고, 동독은 서독에 흡수되었다. 남예멘과 북예멘은
협상을 통해 통일을 달성했다.

독일과 예멘의 사례는 한반도의 통일이 막연한 문제가 아니라 언젠
가는 이루어질 수 있는 일이라는 희망을 갖게 해주었다. 그리고 이를
위해서 구체적인 준비가 필요하다는 생각이 자리잡게 되었다. 이러한
면에서는 두 나라의 통일이 우리에게 끼친 영향은 긍정적이었다. 그러
나 독일의 통일은 북한에게는 심각한 체제의 위기를 의미하는 것이었
다. 동독 정권이 붕괴되면서 일방적으로 서독에 흡수되었기 때문이다.

독일의 경우에는 동독이 갑작스럽게 무너졌어도 서독의 강력한 경제력과 외교적 능력으로 이를 감당할 수 있었다. 그리고 동독과 서독은 비교적 오랫동안 교류와 협력을 해온 상황이었다. 그러나 통일 이후 서독의 주민들은 막대한 동독 지역 지원 자금을 부담해야 한다는 불만을 갖게 되었다. 반면에 동독의 주민들은 서독 주민들이 자신들을 멸시한다고 느꼈다. 즉 서로 다른 체제가 사회심리적으로 통합되기까지 넘어야 할 장벽은 생각보다 훨씬 많다는 것을 가르쳐주었다.

예멘의 경우에는 양쪽 정부가 합의를 해서 정치적 통합이 먼저 이루어졌다. 그러나 정치적 통일에만 신경을 썼을 뿐 사회주의 남예멘과 자본주의 북예멘 사이의 사회 문화적 격차를 줄이는 과정은 제대로 이루어지지 않았다. 결국 남북 예멘 주민 사이의 종교 갈등으로 무력 충돌이 일어났고, 결국 북예멘이 승리함으로써 재통합될 수 있었다.

이처럼 통일은 국토를 하나로 만드는 것만을 의미하지 않는다. 정치적으로 대립된 제도를 통합하고, 경제적으로 다른 체제를 하나로 만드는 것이며, 사회 문화적으로 이질적인 생활양식들이 융화되는 것을 말한다. 그렇게 함으로써 남북의 주민이 동질감을 느낄 수 있게 하는 것이 완전한 통일이다. 이러한 과정은 두 나라의 예에서 볼 수 있듯이 짧은 기간에 이루어지기 힘들다. 따라서 완전한 통일이 이루어질 때까지는 긴 과정과 여러 단계를 거쳐야 한다.

사실 남한과 북한은 정치, 경제, 사회, 문화, 언어, 생활양식 등 모든 면에서 상당히 다르다. 이러한 이질성을 과연 극복할 수 있을지 의문이 들 정도이다. 그래서 상대방의 처지를 고려하지 않은 통일이란 자칫 어느 쪽이 상대방을 일방적으로 흡수하는 통일이 되기 쉽다. 하지만 남한이 적화 통일을 거부하듯이, 북한도 남한에 흡수되는 통일을 거부한다. 이러한 입장이 대립될 때마다 남북 관계는 악화되었다. 서로 침범하지 않고 공존하는 가운데 신뢰를 바탕으로 군사적 적대 관계를 해소해야 하고, 서로 합의할 수 있는 부분에서 점차적으로 통일을 진행해야 한다. 그것은 몇십 년 또는 그 이상 시간이 필요할 수도 있다. 전쟁과 대립보다는 그 편이 낫기 때문이다

'6·15남북공동선언'은 평화통일의 원칙, 즉 서로 상대방을 흡수해서 통일을 할 의사가 없음을 확인하고, 그에 따른 통일의 대원칙에 합의했다는 점에서 의의가 있다. 그것은 두 가지로 표현되었다. 첫째는 통일 문제를 주인인 우리 민족끼리 서로 힘을 합쳐 자주적으로 해결해 나간다는 것이다. 둘째는 남측의 연합제 통일방안과 북측의 낮은 단계 연방제 통일안이 서로 공통성이 있다고 인정하고, 이 방향에서 통일을 지향해 나간다는 것이다.

이후 연합제와 연방제에 대한 관심이 높아졌다. 연합제란 유럽연합과 같이 각각 주권국가로 존재하면서 차츰차츰 공동의 통일 기구를 만들어가는 것이다. 연방제의 대표적인 경우는 미국이다. 한 나라라는 원칙을 더 확고하게 세우는 데서 출발해야 하며, 상황이 진행되는 것에 따라서 협의할 수 있다는 것이다.

남북한은 양 체제가 공존하는 과도기를 거쳐 단일민족 공동체로 나아간다는 전제 아래 각각 국가연합과 연방제 두 가지 방식을 제시해 왔다. 국가연합은 1민족, 2국가, 2체제, 2정부이며, 연방제는 1민족, 1국가, 2체제, 2정부라고 할 수 있다.

옮긴이 신홍민

1956년 전북 남원에서 태어났다. 한국외국어대학교 독일어과를 졸업하고, 같은 대학원에서 박사 학위를 받았다. 현재 대진대학교 겸임교수로 있으면서, 전문번역가로 활동 중이다. 《폭력의 기억, 사랑을 잃어버린 사람들》《사랑의 매는 없다》《부모와 아이 사이》《형제》《평화는 어디서 오는가》 이외에도 여러 권을 우리말로 옮겼다.

그린이 베레나 발하우스 Verena Ballhaus

1951년에 마인 강변의 게뮌덴에서 태어났다. 어린 시절부터 색과 형태에 관련된 것이면 무엇이든 좋아했다. 뮌헨에서 예술대학에 다니며, 회화와 그래픽, 예술교육학을 공부했다. 졸업 뒤 얼마 동안 무대미술가로 활동했다. 지금은 어린이 그림책 그리기에만 전념하고 있다. 청소년문학상을 비롯한 여러 가지 상을 받았다.

그린이 최진혁

프리랜서 일러스트레이터로 《청소년 경제 수첩》《국어 실력이 밥 먹여준다》《알기 쉬운 토지공개념》《과학원리로 떠나는 창의력 여행》 등의 도서에 일러스트 작업을 했다.

세상이 보이는 지식 ❷
청소년 정치 수첩

1판 1쇄 발행 2008년 12월 5일 | 1판 9쇄 발행 2018년 12월 1일

지은이 한대희·크리스티네 슐츠-라이스 | 옮긴이 신홍민 | 그린이 베레나 발하우스·최진혁
펴낸이 조재은 | 펴낸곳 (주)양철북출판사 | 등록 제25100-2002-380호(2001년 11월 21일)
편집 박선주 김명옥 | 디자인 육수정 | 마케팅 조희정 | 관리 정영주
주소 서울시 마포구 양화로8길 17-9 | 전화 02-335-6407 | 팩스 0505-335-6408
ISBN 978-89-90220-91-2 | 값 9,800원

카페 http://cafe.daum.net/tindrum 블로그 http://blog.naver.com/tin_drum
※잘못된 책은 바꾸어 드립니다.